Ulrike Sammer

Verlustangst
und wie wir sie überwinden

Klett-Cotta

Klett-Cotta
www.klett-cotta.de
© J. G. Cotta'sche Buchhandlung Nachfolger GmbH, gegr. 1659,
Stuttgart 2007
Alle Rechte vorbehalten
Fotomechanische Wiedergabe nur mit Genehmigung des
Verlages
Printed in Germany
Umschlag und Foto: Roland Sazinger, Stuttgart
Gesetzt aus der Concorde von Kösel, Krugzell
Auf säure- und holzfreiem Werkdruckpapier gedruckt
und gebunden von Kösel, Krugzell
ISBN 978-3-608-86011-5

Bibliografische Information der Deutschen Nationalbibliothek
Die Deutsche Nationalbibliothek verzeichnet diese Publikation
in der Deutschen Nationalbibliografie; detaillierte bibliografische Daten sind im Internet über http://dnb.d-nb.de abrufbar.

Inhalt

Zur Einleitung:
Es gibt unglaubliche Geschichten

Mütter versinken in nicht enden wollender Verzweiflung, wenn ihr fast erwachsenes Kind auszieht;

Trennungen zwischen Partnern hinterlassen Wunden, die nie mehr zu heilen scheinen;

Ausgewachsene Männer werden sofort krank, wenn sich ihre Partnerin entfernt;

Frauen überwachen ihre Männer per Handy auf Schritt und Tritt;

Väter sind auf alles und jeden eifersüchtig;

Frauen betteln darum, nicht verlassen zu werden, und drohen mit Selbstmord

und, und, und ...

Was haben diese unglaublich anmutenden Geschichten gemeinsam?

Es handelt sich um Menschen, die sich zwar im Beruf intelligent und entscheidungsfähig erleben, aber wenn es um Beziehungen geht, werden sie plötzlich hilflos wie kleine Kinder. Sie fragen sich selbst, was mit ihnen los ist, denn das Leid, das in ihnen immer wieder aufbricht, ist ihnen unerklärlich.

Der Schlüssel zu der Misere heißt *Verlustangst*. Ihre Ursachen und Auswirkungen sind vielen Betroffenen nicht so klar.

Wir werden uns also der Verlustangst an die Fersen heften. Wir wollen begreifen, was Menschen so an den Rand ihrer Möglichkeiten bringt. Es wird uns dabei interessieren, wo die Wurzeln des Leides zu suchen sind, welche frühen Verletzungen und ungünstigen Voraussetzungen die Entstehung einer Verlustangst begünstigen. Betroffene stehen manchmal fassungslos vor ihren eigenen Gefühlen, denn sie übersehen, wie ein aktueller Schmerz die Verlustwunden, die in der Kindheit erlitten wurden, wieder dramatisch aufleben lässt. Diese oft vergessenen seelischen Verletzungen haben viele Auswirkungen. Sie gehen tiefer, als die Betroffenen ahnen.

Speziell Mütter, in ihrer besonderen Ausrüstung als Pflegerinnen des Beziehungsnetzes, leiden vermehrt unter quälenden Verlustängsten. Daher soll ihnen hier auch ein besonderes Verständnis zukommen. Aber nicht nur die Mütter sollen rehabilitiert werden. Auch Frauen, die keine Kinder geboren haben, und viele Männer tragen oft schwer an ihren alten Verlusttraumen. Sie sind Opfer ihrer Vergangenheit und werden gleichzeitig zu Tätern an ihrer Umgebung. Oft merken sie gar nicht, wie sehr sie die Menschen um sich herum terrorisieren, und fühlen sich als ewig ungerecht Behandelte. Vielleicht lassen ihnen die folgenden Texte manche Zusammenhänge klar werden.

Zuerst werden wir uns mit der Angst an sich beschäftigen und uns den, zum Teil genetisch bedingten, Beziehungen zwischen den Generationen zuwenden. Dann sehen wir, dass diese Bindungen durch alte Defekte und Defizite gestört sein können: durch die Auswirkungen einer alten Verletzung, der »Wunde des Verlustes«. Nach diesen frühen Trennungen, die schmerzende Stellen in den Seelen der Betroffenen hinterlassen haben, wenden wir uns den aktuellen Beziehungsrissen zu und sehen, wie sie den alten Schmerz wieder aufleben lassen. Auch die unlauteren Mittel und Tricks, zu denen sowohl Männer als auch Frauen greifen, wenn sie Menschen an sich binden wollen, um ihrer Verlustangst nicht ausgesetzt zu sein, werden uns interessieren. Schließlich wird der Versuch skizziert, über Trauerarbeit, Wandlungsrituale, Psychotherapie und mithilfe von Partnern und Umwelt einen neuen Anfang zu finden. Mit dem positiven Verarbeiten einer Trennung wird gleichzeitig die alte Wunde geheilt und die »unsichtbare Nabelschnur« zwischen den Generationen saniert. Das bedeutet, dass der frühere Schmerz nicht mehr in die nächste Generation als fatales Erbe weitergetragen werden muss.

I. **D**as Phänomen Verlustangst

1. Keiner ist gerne allein

Von der normalen Angst

Angst zu haben ist zunächst einmal normal und sogar wichtig. Angst hat eine wesentliche Signalfunktion, denn sie warnt vor Gefahren. Es gehört zur seelischen Gesundheit eines Menschen, gefährliche Situationen realistisch einzuschätzen und prompt darauf zu reagieren. So ist es zweckmäßig, dass man am Rande eines Abgrunds ein mulmiges Gefühl bekommt und lieber einen Schritt zurücktritt, bevor man sich in die Gefahr eines Absturzes begibt. Es ist auch normal und richtig, sich vor Feuer vorzusehen oder dem heranrollenden Straßenverkehr mit Respekt zu begegnen. Auch die Angst vor dem Verlust eines geliebten Menschen kann eine Entwicklung in Gang setzen. Vielleicht motiviert sie, sich nicht so abhängig zu machen, sondern auch noch andere Lebensinhalte zu finden.

Angstgefühle haben eine wichtige Funktion

Angst kann daher eine Orientierungshilfe sein. Sie zeigt auf: *Ich komme an die Grenzen meiner bisherigen Erfahrungen.* Dieses Gefühl versetzt den Organismus in höchste Alarmbereitschaft und schafft somit die Voraussetzung, besonders wach und konzentriert zu sein. Augen und Ohren schärfen sich, und der Körper ist auf »Flucht« oder »Angriff« programmiert. Das war nicht nur eine weise Einrichtung für unsere Ahnen in grauer Vorzeit, es ist auch jetzt noch besonders nützlich in Notsituationen, bei Krieg oder Katastrophen. In der Tierwelt ist dieser Mechanismus nach wie vor lebensnotwendig.

Angst als Orientierungshilfe

Jeder gesunde Mensch verfügt also über die Möglichkeit, Angst zu erleben, das heißt, körperlich-seelisch auf Bedrohung zu reagieren. Man kann davon ausgehen, dass alle Menschen Ängste haben, jeder auf seine Art. Es gibt praktisch nichts, wovor man nicht Angst entwickeln kann. Die Existenz von Ängsten ist weitgehend unabhängig von Kultur und Zeitalter, was sich ändert, sind lediglich die Angstobjekte. Waren es früher Naturgewalten, die den Menschen Angst machten, sind es heute Bakterien, Verkehrsunfälle oder Einsamkeit.

Wann wird die Angst als »krank« eingestuft?

Die psychische Disposition, mit den Herausforderungen des Lebens umzugehen, ist von Person zu Person unterschiedlich. Einige Menschen verkraften auch Extremsituationen, ohne anschließend unter vermehrter Angst zu leiden, andere wiederum sind schwer geschädigt. Ob dies mehr mit »Vererbung« oder mehr mit »Lernen in der Kindheit« zu tun hat, ist nicht völlig geklärt. Manchmal entdeckt man bei Nachforschungen in der Vergangenheit, dass nicht nur ein Elternteil ängstlich war, sondern auch schon die Generation davor. Wie Angst beziehungsweise der Umgang mit Angst von Generation zu Generation weitergegeben wird, lässt sich nur schwer herausfinden. Tatsächlich aber gibt es diesen Transfer. Wichtig ist dabei, dass sich die Betroffenen klarmachen, dass sie mit hoher Wahrscheinlichkeit ihre Ängstlichkeit auch an ihre Kinder weitergeben werden, sofern sie nicht aktiv mehr »Kompetenz im Umgang mit Angst« entwickeln.

Angst wird in der Familie weitergegeben

Die Angst der Persönlichkeitsstruktur, die zur Depression neigt (und mit dieser haben wir es bei der Verlustangst zu tun), ist die Angst vor der Ungeborgenheit und der Isolation. Die gefühlsmäßige Trennung von der sozialen Umwelt wird als eine Art »Tod« erlebt.

»Angst« kommt vom lateinischen Wort »angustiae«, und das bedeutet »Enge«.

Diese Enge ist den Betroffenen sehr vertraut. Aber auch als Außenstehende fühlt man manchmal diese Beklemmung, wenn man einen angstkranken Mitmenschen beobachtet. Viele Angehörige können diese beobachteten Gefühle nicht verstehen. Sie können sie mit keinem aktuellen Auslöser in Verbindung bringen, alles kommt ihnen irgendwie übertrieben vor.

Nun fällt aber keine Angst vom Himmel. Sofern es möglich ist, ihre Geschichte aufzuspüren und sie zu begreifen (was meistens in der Psychotherapie geschieht), wird es klar, dass genau diese Angst einmal aus verständlichen, nachvollziehbaren Gründen entstanden ist.

Eine Angst ist eine Grenzerfahrung! Sie zeigt, dass man in einem bestimmten Punkt an seiner persönlichen Grenze angelangt ist. Und da der Körper und die Psyche auf ihren Besitzer gut aufpassen, machen sie die Grenze sehr drastisch deutlich: Das Herz beginnt schneller zu klopfen, man wird blass, die Hände werden kalt, die Atmung wird flach oder kurzzeitig ganz eingestellt, kalter Schweiß bricht aus. All das und noch einiges mehr passiert, wenn das Hirn signalisiert: »Achtung! Höchste Alarmstufe!« Der Körper reagiert prompt auf den Hilferuf und schüttet eine Menge Adrenalin aus.

Angstgefühle markieren eine persönliche Grenze

Der Grund für diese »Begrenztheit« *ist eine Kombination einer ganzen Reihe von Faktoren,* die wir uns im zweiten Teil näher ansehen werden. Wenn eine seelische Verletzung (und derer gibt es viele) mit einer ungünstigen Voraussetzung oder mehreren zusammentrifft, dann entwickelt sich fast eigenständig eine seelische »Geschwulst«, ein krankes, »schnell entzündliches« Areal des Innenlebens, das immer wieder, auch bei kleinsten Auslösern, zu schmerzen beginnt.

Wie können Ängste entstehen?

Generell können alle Ängste *entweder* »geerbt« *oder selbst erworben* werden. Der Beginn kann dramatisch oder ganz diskret vor sich gehen. So diskret, dass die Auslöser anno dazumal niemandem auffielen. Wie kann das passieren?

Nun – Vater, Mutter oder eine andere Bezugsperson sind für das kleine Kind ein wichtiges Modell. Sie haben sich im Laufe vieler Jahre und im Zuge ihrer wechselvollen Lebensgeschichte einen eigenen Stil erworben. Da Erziehung immer und überall bedeutet, dass man seine eigenen Meinungen und Werte an die nächste Generation weitergibt (um sie ins »Leben« einzuführen), werden auch Missverständnisse und Irrmeinungen weitergegeben. Das ist so und wird auch immer so sein. Natürlich leben Eltern auch (meist unbewusst) ihre eigenen Ängste vor und erheben sie zur Norm. Das heißt, sie vermitteln dem Kind, dass es normal sei, vor dem Gewitter, einem Hund, einem engen Raum, einer Menschenmenge, der Ansteckung durch Bazillen (um nur einige Beispiele von Phobien zu nennen) Angst zu haben. Das Kind hat keine Möglichkeit, andere Erfahrungen einzuholen und somit die Gefährlichkeit der angeblichen Angstauslöser zu überprüfen. Es muss das Handeln und die Aussagen seiner Bezugspersonen als Orientierung nehmen. Wenn nun beispielsweise der Vater böse Erlebnisse mit einem Hund hatte, die er nicht entsprechend seelisch verarbeiten konnte, und nun dem Kind beibringt, dass es grundsätzlich keinem Hund näher kommen solle, so wird automatisch eine »Grenze«, also eine Angst, gebildet.

Ängste, die durch ein Trauma entstanden sind

Nun gibt es aber nicht nur Angst aus zweiter Hand. Manchmal hatte der später Ängstliche selbst Erlebnisse in der Vergangenheit, die erschreckend waren und nun in der Folge die inneren Alarmsirenen allzu schnell aufheulen lassen. Das kann zeitlich so weit zurückliegen, dass er sich an diese Begebenheiten nicht bewusst erinnert. Eine oft schwierige Aufgabe für die Psychotherapie!

Auch die durch Traumen entstandenen Ängste waren viele Jahre ein gewohnter Teil des Lebens, der niemals hinterfragt wurde. Das ist eine betrübliche Tatsache, die später einige Mühe bereitet. Denn der Ängstliche zimmert sich sein Leben so zurecht, dass es zu den Ängsten passt: Es werden Schutzvorrichtungen, Schonverhalten und Vermeidungen rundherum aufgerichtet, und auf diese Weise wird die Angst noch mehr fixiert. So sagt sich vielleicht die Frau, die sich in Fahrstühlen fürchtet, dass es sowieso gesünder ist, Treppen zu steigen, und macht um jeden Lift einen Bogen. Der Mann, der Beklemmungen bekommt, wenn mehr als zehn Menschen an einem Ort sind, behauptet, dass heutzutage überall Taschendiebe lauerten und man sich vor ihnen schützen müsse. Er bleibt lieber allein zu Hause. Die beiden finden natürlich ihre Argumente plausibel und normal. Für sie gibt es keinen Anlass, ihr Verhalten zu hinterfragen, bis einmal durch eine Fügung des Schicksals eine Situation eintritt, die ihnen eindrucksvoll vor Augen führt, dass ihre Angst eben doch etwas Abnormes und Hinderliches ist. Oft tritt das Schicksal in Form eines neuen Partners, von Freunden oder beruflichen Gegebenheiten auf, in denen das alte, gewohnte und krank machende familiäre Arrangement nicht mehr aufrechtzuerhalten ist. Unfreiwillig und oft durch Außenstehende wird aus dem Angstgewohnten nun einer, der durch dieselbe Angst in einen Engpass gerät. Er ist nun endlich gezwungen, sein Verhalten zu ändern, und kann so sein Lebensrepertoire erweitern.

Wie wir sehen, ist diese Veränderung oft eine Erlösung. Es ist daher keineswegs angebracht (wie dies leider in vielen Familien so ist), beim neurotischen Angstarrangement eines Menschen einfach mitzuspielen. Man behindert einen Angstkranken, gesund zu werden, wenn man ihm hilft, sich vor allen Angstauslösern zu schützen. Ebenso wenig, wie man einem Alkoholiker eine Flasche Wein zustecken soll, nur damit er friedlich bleibt, sollten die Vermeidungsstrategien eines Ängstlichen unterstützt oder übergangen werden. Denn damit hilft man ihm nicht, die Angst zu überwinden, sondern sie zu bewahren.

> Vermeidung ist keine Lösung

Mittlerweile ist schon bekannt, dass es wenig nützt, dem Ängstlichen zuzureden, er bräuchte keine Angst zu haben oder er solle sich einfach »zusammenreißen«. Das ist der klassische Rat, auf den jeder Angstkandidat allergisch reagiert! Natürlich ist es Außenstehenden nicht verständlich, warum bei einem Mitmenschen an genau dieser Stelle genau diese Angst entstanden ist. Es gibt sie nicht: die kalkulierbare und genau nachvollziehbare Angstentwicklung. Jede ist eine ganz individuelle und persönliche Geschichte – einmalig auf dieser Welt. Alle wissenschaftlichen Raster und Erklärungsmodelle sind nur Annäherungsversuche, nicht mehr!

> Angst ist individuell

Wie fühlt sich Angst an?

Wann spricht man von einer »Angststörung«? Natürlich gibt es nicht »die« Angst, sondern fließende Übergänge zwischen einem Unbehagen, einem mulmigen Gefühl in einer bestimmten Situation bis zu schwersten Panikattacken. Es lässt sich daher auch nicht ganz klar sagen, ab wann eine Angst als neurotisch, also krank zu bezeichnen ist oder ob sie noch zu den gesunden Reaktionen gehört. Es ist immer auch ein Stück subjektives, persönliches Empfinden und Einschätzen ausschlaggebend, ob sich jemand in Behandlung begibt oder sich lieber allein mit seinem außer Kontrolle geratenen Gefühlsleben konfrontiert. Die Krankenkassen fordern allerdings klare Kriterien, nach denen sie entscheiden, ob sie eine Psychotherapie bewilligen oder nicht. (Bei der Verschreibung angstdämpfender Medikamente durch einen niedergelassenen Arzt sind die Kassen erfahrungsgemäß nicht so kritisch. Das hat natürlich Folgen: Es wird viel zu viel »geschluckt« und nicht an der Wurzel des Übels behandelt.)

Im Allgemeinen wird zur Differenzierung herangezogen, dass die Angst

- länger dauert oder immer wieder kommt,
- das Leben beeinflusst (indem manche Unternehmungen vermieden werden),
- nicht oder schwer kontrollierbar ist,
- übertrieben oder unrealistisch ist.

Dabei kann man zwischen einer sogenannten »posttraumatischen Belastungsreaktion«, also den körperlich-seelischen Beschwerden direkt oder bald nach einem traumatisierenden Erlebnis (in unserem Fall einen gravierenden Verlust) und losgelösten Angstanfällen unterscheiden.

Ein kleines Kind, das plötzlich von seinen Bezugspersonen getrennt wird, ist in seiner Entwicklung des Vertrauens und der Geborgenheit so irritiert, dass es mit großer Sicherheit auffällig (zum Beispiel aggressiv oder überangepasst) reagieren wird.

Wenn aber ein Erwachsener bei kleinsten Trennungen an Schreckhaftigkeit, Übererregung und Schlaflosigkeit leidet, hat sich ein früheres Erlebnis mit seinen Begleiterscheinungen verselbstständigt und wurde zu einer Angsterkrankung.

Das wesentliche Kennzeichen sind wiederkehrende Angstattacken, die gewöhnlich von ungefährlichen Situationen hervorgerufen werden. Diese Angst wird nicht durch die Erkenntnis gemildert, dass andere Menschen die fragliche Situation keineswegs als bedrohlich empfinden. Allein die Vorstellung, dass die beim Betroffenen Angst erzeugenden Umstände eintreten könnten, erzeugen bereits Erwartungsangst.

Wie bei allen Angsterkrankungen zählen zu den *wesentlichen variablen körperlichen Symptomen* plötzlich auftretendes Herzklopfen, Brustschmerz, Erstickungsgefühle, Schwächegefühle, Zittern, Schwindel, Mundtrockenheit, Nervosität, Muskelverspannungen, vermehrter Harndrang, Schwitzen, Kopfschmerzen, Benommenheit oder Oberbauchbeschwerden und sonstige Störungen von Schlaf, Atmung, Verdauung, Appetit und Sexualität. Bei den Betroffenen stehen oft lange Zeit die körperlichen Beschwerden im Vordergrund, und die Grunderkrankung wird häufig übersehen. In der Folge suchen sie verhältnismäßig oft den Allgemeinmediziner auf, bekommen Medikamente und benötigen sehr lange, bis sie sich der Angst stellen. Körperliche Symptome der Angst

Und das sind einige der *psychischen Angstsymptome:*

- Ständige generelle Alarmbereitschaft, verbunden mit dem Gefühl der Unsicherheit und der Unfähigkeit. Wenn das Vertrauen in die eigenen Kräfte fehlt (was meistens der Fall ist), werden alle möglichen abergläubischen Verhaltensweisen eingesetzt. Zum Beispiel werden bestimmte Gegenstände als Talisman getragen. Psychische Symptome der Angst
- Mehrdeutiges Reizmaterial wird tendenziell als gefährlich eingestuft.
- Angstpatienten richten ihre Aufmerksamkeit bevorzugt auf bedrohliche Informationen und Reize, sie haben also eine selektive Aufmerksamkeit.

- Manchmal werden die Angstauslöser gar nicht bewusst wahrgenommen, das heißt, es erfolgt eine unbewusste automatische Informationsverarbeitung.
- Angstpatienten zeigen eine selektive Speicherung und Aktivierung bedrohlicher Gedächtnisinhalte. Das bedeutet, dass sie sich jene Erlebnisse besonders merken, die ihre angebliche »Theorie« untermauern, alle anderen Erfahrungen aber sehr schnell vergessen.
- Erhöhte Empfindlichkeit gegenüber allen Arten von Stress.
- Das Gefühl, sich selbst »fremd« zu sein.
- Die Furcht, die Kontrolle über sich zu verlieren oder wahnsinnig zu werden.

Und was ist Verlustangst?

Grundsätzlich kann ein Trauma, je nachdem, in welcher Entwicklungsstufe ein Mensch (besonders ein sehr junger) es erfährt, eine Fülle von verschiedenen Defekten nach sich ziehen. Wir wollen uns aber hier auf die für unser Thema relevantesten Störungen konzentrieren.

Frühe Trennungen verursachen Verlustangst

Die *Verlustangst* ist das schwerstwiegende unter allen Symptomen nach frühen Trennungen. Sie begleitet den Alltag vieler zwischenmenschlichen Beziehungen und vor allem die Beziehung zu einem Partner. Was versteht man darunter?

Menschen mit der »Wunde des Verlustes« haben ein alles überragendes Lebensthema: Sie wollen unter allen Umständen einen anderen bei sich haben, der sich ganz auf diese eine Beziehung einlässt und auf sie konzentriert! Das wäre noch nicht so ungewöhnlich, würde man nicht erleben, welchen »Überwert« dieses Hauptziel bekommt. Der einzige Wunsch nach einem vertrauten Nahkontakt mit einem »Du« rechtfertigt viele Opfer. Der Mensch erträgt wortlos alle möglichen Erniedrigungen, lässt sich förmlich »aussaugen«, ausnützen. Die in ihrem Wunsch Gefangenen akzeptieren auch Partner oder Freunde, von denen sie überhaupt nicht geliebt werden. Sie versuchen, sich Freundschaft teuer zu erkaufen, sie machen alles – nur um nicht allein zu sein. Ohne kleinen oder großen Partner gibt es für die Betroffenen keine Möglichkeit, sich zu erleben, sich zu spüren, weil alles auf das Gegenüber ausgerichtet ist. Menschen mit Verlustangst wissen sehr genau, dass sie nicht in der Lage sind, sich selbst zu loben, sich nach den eigenen Wünschen zu richten, etwas eigenverantwortlich in Angriff zu nehmen und den allfälligen Erfolg dann auch zu genießen. Sie brauchen jemanden, um ihm »anzugehören«. Wo es das nicht gibt, spüren sie eine quälende Leere und Desorientiertheit. Bei allen lustvollen Tätigkeiten wie einem Theaterbesuch oder einer Reise fragen sie sich »Wozu das Ganze?«, »Was mache ich hier überhaupt?«. Da sie für ihre Empfindungen unbedingt jemanden anderen, eben ein »Du« brauchen, spüren sie ausschließlich die Getrenntheit. *Sie sind aus der Geborgenheit herausgefallen.*

Der Geist reduziert sich auf negative und oft unbegründete Eifersuchtsfantasien. Zudem merkt der Betroffene unbewusst, dass sein Verhalten den Partner langsam aber sicher abstößt. Dieser Punkt ist oft der Anfang des Endes dieser Partnerschaft, denn allein schafft es kaum ein Mensch, mit dieser Situation umzugehen. Mit jedem Tag Abstand, den der Partner sucht (und sicherlich auch braucht), wird die Angst schlimmer, sie dringt ständig tiefer in das Bewusstsein. Genau das setzt den Kreislauf in Gang: *Verlustängstliche Menschen werden immer wieder verlassen und durchleben ihr Urtrauma aufs Neue.* Schwierige Partnerschaft

Beziehungen, die eine längere Zeit bestehen, sind voller Bedingungen. Eine Art »Käfig« der absoluten Zweisamkeit wird errichtet. So gut wie immer fehlt die Lust, mit seinem Partner etwas zu unternehmen. Diese Isolation ist oft der einzige Weg für den Erkrankten, geistig abzuschalten und sich seinem Partner frei hingeben zu können, denn sobald äußere Einflüsse vorhanden sind, werden wieder Hunderte von »Gefahren« gewittert.

Nun gibt es zwei fatale Möglichkeiten, mit Verlustangst umzugehen. Die eine ist, sich abzukapseln und bewusst oder unterbewusst *eine tiefe Beziehung zu vermeiden*, weil es klar ist, dass das Leid noch viel ärger ist, wenn man sich wirklich auf einen anderen eingelassen hat und plötzlich getrennt wird. Beziehungen vermeiden

Diese Form der versuchten Bewältigung nennt man allerdings »Beziehungsangst«, und wir werden uns anschließend auch mit ihr beschäftigen.

Abhängige Partnerschaft

Oder – und das ist wesentlich häufiger – *man versucht enge Bindungen einzugehen, wo zumindest einer vom anderen abhängig ist.* Das scheint die Gefahr des Verlassenwerdens zu verringern. Um Abhängigkeiten zu erzeugen, sind Verlustängstliche äußerst erfinderisch. Manche machen sich unersetzlich, indem sie ihre Partner zu hilflosen Geschöpfen »erziehen«, die weder mit den Bankgeschäften noch mit dem Gebrauch der Waschmaschine allein zurechtkommen. Andere wieder appellieren an das Verantwortungsgefühl der Umgebung, indem sie bei drohender Trennung krank und betreuungsbedürftig werden. Manche dieser Versuche scheitern aber trotzdem. Beziehungen zu Kindern sind jedoch besonders »geeignet«, die Verlustangst eine Zeit lang fast vergessen zu lassen, da die Kleinen ihre Eltern doch tatsächlich brauchen. Aber auch wenn Verlustängstliche meist übergebührlich lange versuchen, ihre Kinder möglichst unselbstständig zu halten, können wir uns vorstellen, dass die Angst im Untergrund trotzdem nicht nur schlummert. Sie bricht immer wieder unvorhersehbar hervor. Übrigens: Da die Verlustängste unbehandelt so gut wie immer an die nächste Generation weitergegeben werden, äußern sie sich bei den Kindern oft als Schulphobie oder als die Unmöglichkeit, allein im Zimmer zu schlafen, insbesondere wenn kein Licht brennt.

Menschen mit erhöhter Sensibilität für Verluste reagieren oft bereits bei der Gefahr von Verlusten mit Angstsymptomen (zum Beispiel nach einem heftigen Ehestreit, beim Gedanken an Trennung aus eigener Initiative oder bei der Befürchtung, der Partner könnte die Beziehung beenden, beim Gedanken an den möglichen Tod bestimmter Angehöriger). Partner werden nach dem Prinzip absoluter Verlässlichkeit ausgesucht. Partnerschaften sind daher entsprechend eng, um jedes Gefühl von Alleinsein zu vermeiden. Jede Bedrohung dieser symbiotischen Beziehung bewirkt panikartige Ängste.

Über die Versuche zu »kleben«, zu kontrollieren und jede

Eigenständigkeit zu verhindern, werden wir in einem späteren Kapitel noch mehrere Facetten sehen.

Die Bindungsangst – die engste Verwandte der Verlustangst

Verlustangst und Bindungsangst stehen in einem unmittelbaren Zusammenhang: Um ein Gefühl der Verlustangst zu entwickeln, muss man zunächst das Gefühl der Bindung kennen. Jede Bindung an einen anderen Menschen bedeutet immer auch das Risiko, den Verlust derselben zu erfahren. Angesichts der enormen gesellschaftlichen Flexibilität gilt dies heutzutage mehr denn je. Die erste Bindung zwischen den primären Bezugspersonen und dem Kind dient als Modell für die spätere Entwicklung. (Man möge bitte beachten, dass ich zumeist von »Bezugspersonen« spreche. Denn als Menschen, die ein kleines oder größeres Kind auf seinem Lebensweg begleiten, gibt es viele Möglichkeiten: zunächst einmal die Eltern, aber auch die Großeltern, Tanten, Onkeln, ältere Geschwister, andere Verwandte sowie Pflegeeltern und verschiedene Pädagogen. Sie alle sind für die Entwicklung eines Kindes geeignet und auch verantwortlich.) Hat ein kleines, abhängiges Kind zuerst Nähe und dann Trennung (oder beides im öfteren Wechsel) erlebt, ist es schwerst irritiert. In früheren Zeiten hat man in keiner Weise ernst genommen, wie sich ein häufiger Wechsel von Bezugspersonen auf die kindliche Entwicklung auswirkt. Kinder wurden mit reinem Gewissen und guten Absichten zu Großeltern oder Verwandten auf dem Land gegeben, weil sie dort eine bessere Luft atmen konnten. Vorschulkinder wurden nach dem Krieg kurzerhand zu Pflegefamilien in Länder geschickt, deren Sprache sie nicht verstanden, um sie »auffüttern« zu lassen. Die körperliche Gesundheit stand im Vordergrund, und die sensible kindliche Seele war kein Thema. Man dachte nicht darüber nach. Wenn es also zu einer für das Kind schmerzhaften Trennung kam, konnte eine Angst vor Abhängigkeit entstehen. Diese zuvor erlebte Abhängigkeit von Nähe führte erst beim Abbruch oder einer Unterbrechung zu den seelischen Wunden des Verlustes. Das bedeutet:

Wie wirkt der Wechsel von Bezugspersonen auf kleine Kinder?

Wenn der Großvater, den ein Kind nur selten zu Gesicht bekommt, stirbt, so ist dieser Verlust kaum von besonderer psychischer Bedeutung für das Enkelkind. Wenn dieser Großvater aber das Kind liebevoll aufgezogen hat und es nun allein ist, wird sein Ableben große Verletzungen in der kindlichen Seele hinterlassen. Vielleicht beschließt das Kind aus seinem Schmerz heraus, nie mehr Nähe und Bindung zuzulassen. Diese Angst wird es ein Leben lang begleiten und alle späteren Beziehungen überschatten.

Vertrauen – die Grundlage von Beziehung

Wenn ein Mensch als Erwachsener eine Bindung eingeht, so bedeutet das normalerweise einen Lernprozess: Langsam, Schritt für Schritt, baut man gegenüber einem anderen Menschen Vertrauen auf. Dieses Vertrauen ist die Grundlage, um eine dauerhafte Beziehung mit wechselseitiger Verantwortung auf freiwilliger Basis aufrechtzuerhalten.

Aber Bindungsangst äußert sich in einem unzureichend ausgeprägten Verantwortungsgefühl gegenüber seinen Lebenspartnern (Familie, Freunden). Oft besteht auch eine Neigung zum häufigen und schnellen Wechsel von Bezugspersonen, zu denen meistens nur flüchtige und kurzzeitige Kontakte bestehen. Der Beziehungsängstliche gibt sich gar nicht mit Gedanken über die Menschen, die seinen Lebensweg kreuzen, ab. Es ist ihm einfach gleichgültig, ob er vielleicht jemanden mit seinem Verhalten kränkte.

Alle unerfüllten, früheren Wünsche nach mitmenschlicher Nähe und der damit verbundene Schmerz werden verdrängt. In extremen Fällen wird das Nähebedürfnis abgekoppelt, um die verletzte Psyche zu schützen. Wenn jemand angeblich keine Beziehung braucht, dann hat die »Not« ein Ende. Manche Bindungsängstliche ziehen daher ein Leben als »Einsiedler« oder zumindest als Single vor.

2. Wir sind alle vernetzt

Beziehung – ein Netz, das trägt und hält

Verlustangst ist untrennbar mit »Beziehung« verbunden. Ohne eine Ahnung zu haben, was Beziehung bedeuten kann, ist es unmöglich, sich vor ihrem Verlust zu fürchten.

Wir müssen uns daher zuerst ansehen, in welche Beziehungen ein Neugeborenes hineinwächst, um später zu verstehen, welche Auswirkungen eine Verletzung dieser wichtigen Bande hat.

Die Verbindung zwischen den Generationen sitzt tief. Freundschaften können geschlossen und beendet werden – »Eltern« bleibt man lebenslang! Es gibt offensichtlich eine genetische Prägung, die das Aufkommen der »Jungen« sichert, einen Brutpflegetrieb, der in jedem Menschen (vor allem in den Frauen) verankert ist. Auch wenn heute eine dicke Zivilisationskruste die naturgegebenen Vorgänge im Menschen umhüllt und verdeckt – sie kann die Gene nicht wirkungslos machen.

Die Bedeutung des »Familiennestes«

Die Gefühle, die eine Mutter für ihr neugeborenes Baby hat, sind einzigartig. Die Intimität dieser symbiotischen Verbindung ist mit nichts zu vergleichen, weder vorher noch danach. Väter, die sich von Anfang an um die Beziehungen zu ihren Kindern bemühen, erleben sicher auch ein großes Glücksgefühl, selbst wenn sie den Vorsprung der Mutter durch das Erleben des Einsseins in der Schwangerschaft zu diesem Zeitpunkt nicht wettmachen können.

Der *Wunsch nach einer gemeinsamen Schöpfung und einer Fortsetzung seiner selbst* ist bei vielen Menschen sehr intensiv und auch genetisch gesteuert. Sie meinen, dass erst mit Nachkommen das »Nest« vollständig sei.

Jeder kommt aus so einem »Nest«. Die Familie ist der Platz, den man als die wahre Heimat (meist) liebt, an den man zumindest in Gedanken immer wieder zurückkehrt, wo man gebraucht und manchmal verstanden wird, wo man die Spielregeln kennt und Vertrautheit entsteht.

Warum Männer und Frauen nicht gleich häufig Verlustangst haben

Es gibt ohne Zweifel Unterschiede zwischen Männern und Frauen. Diese sind aber nicht immer nur gesellschaftlich bedingt, sondern haben ihre Wurzeln in der genetischen Ausrüstung. Frauen (sowie Weibchen im Tierreich) sind für die Brutpflege ausgerüstet und zuständig. Ob sie es nun wollen oder nicht: Es gibt eine *zentripetale Kraft, die immer wieder nach innen, zusammenlaufend, einigend, verbindend wirkt.* Demgegenüber (und sinnvollerweise auch ergänzend wie Yin und Yang) lebt der männliche Teil (gleichgültig, ob im Menschen- oder Tierreich) in einer *Zentrifugalkraft, die nach außen strebt, erweitert, nach Neuem sucht und der Bindung entflieht.*

Zentripetale Kräfte

Zentrifugale Kräfte

Es ist daher klar, dass Frauen zwar die Verlustängste nicht für sich gepachtet haben, aber dass sie viel schneller darauf »anspringen«, viel gefährdeter sind. Wenn sie ihr Urprogramm in Gefahr sehen, tritt automatisch eine Irritation auf, die zunehmend zur Angst werden kann.

Natürlich gibt es auch Frauen, die in ihrer Biografie so viel Einengendes, ihren Radius Beschränkendes erlebt haben, dass ihr Impuls zu flüchten oder neue Bindungen zu vermeiden stärker ist als ihre Tendenz zu einigen und zusammenzuhalten. Sie versuchen, Beziehungen auf keinen Fall verbindlich werden zu lassen, und lösen damit manchmal Verlustangst bei einem infrage kommenden Partner aus.

Häufiger ist das Gegenteil der Fall: Männer scheuen sich, in die Zentripetalkraft einer Frau gezogen zu werden, wollen sich keinesfalls festlegen und proben immer wieder die Flucht. Gerade in der Generation der heute Dreißig- bis Vierzigjährigen trifft man diese Tendenz besonders stark, da seit den 60er-Jahren (also seit sie auf der Welt sind) die Notwendigkeit, eine Familie aus ökonomischen Gründen per Trauschein zu fixieren, nicht wie früher gegeben ist.

Aber es gibt natürlich auch hier Ausnahmen: Manche Männer wünschen sich nichts sehnlicher als endlich einen Punkt in ihrem Leben zu haben, einen Ort, wo sie hingehören. Sie haben so viel Unsicherheit in ihren frühen Jahren erlebt, dass sie nun dringend Sicherheit und Verlässlichkeit brauchen, um ihre alten Wunden zu heilen. Sie sind natürlich auch Anwärter für Verlustängste, denn ihren menschlichen »Anker« zu verlieren, würde sie in große seelische Not bringen.

Ausnahmen sind nicht selten

Was wissen wir aus der Bindungsforschung?

Jedes Baby braucht für seine Entwicklung vom ersten Tag an Bindungen, ohne sie kann es sogar sterben. Werfen wir einen Blick auf die psychologischen Theorien der letzten Jahrzehnte, die versuchen, die Entwicklung eines Menschen als soziales Wesen zu erklären. Anfang des zwanzigsten Jahrhunderts brachte die Psychoanalyse bahnbrechende Erkenntnisse über das menschliche Seelenleben, doch sie ging großteils von Spekulationen aus. Entsprechend der Schädigungen, Symptome und Beschwerden einzelner Erwachsener machte man Rückschlüsse auf die Versäumnisse in ihren frühkindlichen Phasen. Seit Sigmund Freud wissen wir zumindest, dass die *frühen Erlebnisse prägend für das ganze Leben* sind. Es mussten viele Jahre ins Land ziehen, bevor man auf die Idee kam, Babys einfach zu beobachten und ihr Verhalten beziehungsweise ihre Reaktionen unter bestimmten Kriterien zu überprüfen.

Der englische Psychoanalytiker und Kinderpsychiater John Bowlby entwickelte ein systematisches Beobachtungssystem über das Bindungsverhalten von Kleinkindern und ihre spezielle Entwicklung, die 1969 als *Bindungstheorie* publiziert und später zahlreich weiter beforscht wurde. Sie beruht auf Erfahrungen, die er im Auftrag der Weltgesundheitsorganisation mit dem Elend vieler europäischer Kinder nach dem Zweiten Weltkrieg durch Trennung und Verlust der Eltern gemacht hatte.

Das Bindungsverhalten der Kleinkinder

Bei der Beobachtung von Interaktions-Sequenzen zwischen Mutter und Kind untersuchte man vor allem, wie Babys auf kurze Trennungen reagierten. Durch die Beobachtungen teilte man die Kinder in vier Gruppen ein, die ich hier sehr verkürzt darstellen möchte.

Vier Bindungsmuster kristallisierten sich heraus:

- Die erste Gruppe der »sicher gebundenen Kinder« kann mit ihren Gefühlen offen umgehen. »Sichere Bindungen« erfährt ein Kind, das die Nähe der Eltern in ausreichendem Maße erlebt hat. Es protestiert bei Trennung, spielt aber später wieder weiter.

- »Unsicher-ambivalente Beziehungen« entwickelt ein Kind, das sich über die Verfügbarkeit der Eltern nicht sicher sein konnte. Oft entstehen Ängstlichkeit und Ärger im Gefolge. Die »unsicher gebundenen Kinder« dieser zweiten Gruppe wirken scheinbar ruhig, sind aber innerlich durch die Trennung gestresst. Sie ignorieren die Mutter sowohl beim Weggehen als auch bei ihrer Wiederkehr.

- Die »ambivalent gebundenen Kinder« der dritten Gruppe sind stark von der Trennung beeinflusst. Sie »klammern« bei der Wiederkehr der Mutter, lassen sich aber nicht trösten. Oft zogen sich diese Kinder auch innerlich und äußerlich zurück. Eine »unsicher-vermeidende Bindung« entsteht durch die wiederholte Erfahrung von schmerzlicher und verletzender Abweisung bei hilfe- und trostsuchender Annäherung des Kindes.

- Schließlich gibt es die vierte Gruppe der »desorientierten Kinder«, die sich überhaupt nicht zielgerichtet verhalten. Sie nähern sich der Mutter an und drehen sich gleichzeitig weg oder verhalten sich auf andere Weise unerklärlich. Bei dieser vierten Gruppe, deren Bindung man »unsicher-desorganisiert« nannte, hat sich bereits in diesem frühen Lebensalter eine *schwere Bindungsstörung* etabliert.

Die zweite, dritte und vierte Gruppe zeigt deutlich, dass sehr frühe Trennungen – innerhalb des ersten Lebensjahres, aber be-

sonders während der ersten sechs Monate – zu gravierenden Fol- Frühe
gen führen. Fatalerweise wurde vor allem in früheren Zeiten Trennungen
Babys wenig Aufmerksamkeit geschenkt, weil man der Annahme haben Folgen
war, dass sie noch nicht sehr viel »mitbekommen«. Sie wurden
gedankenlos völlig fremden Aufpassern übergeben, in irgendein
Zimmer, allein in den Garten oder an einen möglichst bei der
Arbeit nicht störenden Ort gestellt. Keine Bezugsperson hatte
dabei ein schlechtes Gewissen, ganz im Gegenteil – hatte man
doch vielleicht fürsorglich für frische Luft gesorgt, denn die war
angeblich noch immer wichtiger als Nähe. Man war weit davon
entfernt zu ahnen, dass spätere Verlassenheitspanik und Tren-
nungsängste so entstanden sind.

Noch einmal zurück zu den Babybeobachtungen:

Den genannten Bindungsmustern der Kleinkinder konnte Bindungsmuster
man eindeutig ein bestimmtes Verhalten vonseiten der Bezugs- und Verhalten
personen zuordnen.

Eine Ausnahme bildeten nur Frühgeborene, die sehr viel irri-
tierbarer sind und deren Störungsmuster nicht von der Mutter,
sondern von der Überforderung durch die Ausnahmesituation
herrühren.

Während die Mütter der ersten drei Kindergruppen sowohl
gute als auch schlechte Bindungserfahrungen in ihrer eigenen
Vergangenheit hatten, die sie unterschiedlich gut verarbeitet und
in ihr Leben integriert hatten, litten die Mütter der vierten Gruppe
noch immer an einem Verlust einer wichtigen Bezugsperson
vor dem 14. Lebensjahr oder einer anderen nicht verarbeiteten
Traumatisierung. Diese Mütter werden uns bei unseren späteren
Überlegungen über die »Wunde des Verlustes« beschäftigen.

Die Strategie, mit Bezugspersonen umzugehen, also das Bindungsmuster, wird, wie wir sahen, bereits im Laufe der ersten
sechs Monate entwickelt. Durch weitere Erfahrungen wird dieses
Muster noch ausdifferenziert, aber man kann schon im Alter von
zwölf Monaten zuverlässige Aussagen über das zukünftige Bindungsverhalten eines Kindes machen. Dieses Verhalten bleibt
zumindest bis zur Pubertät fixiert, meist ist es aber prägend für
das ganze Leben. Natürlich geht das Kind im Laufe seines Lebens

noch Bindungen anderer Qualität ein. Durch die Erfahrung mit etlichen Erwachsenen und Kindern gibt es auch verschiedene Beziehungsformen nebeneinander. Aber diejenige Person (in unserer Kultur in den häufigsten Fällen die Mutter), mit der das Kind die meisten Interaktionen, also Kontakte und gemeinsame Handlungen, hatte, prägt das Bindungsverhalten des Heranwachsenden und schließlich des erwachsenen Menschen am meisten.

Diese Ergebnisse veränderten die Meinung über die erste Zeit der Kindheit nachhaltig. Seit den Publikationen von John Bowlby und seinen »Nachkommen« ist uns die konkrete Bedeutung der Erlebnisse am Beginn eines Menschenlebens noch viel näher gerückt. In den Jahren, die seither vergangen sind, differenzierte sich die Bindungsforschung wesentlich. Neben Einzeluntersuchungen wurden auch Langzeitstudien angestellt, die die Weichenstellung der frühen Zeit bestätigten.

Die Ergebnisse der Bindungsforschung verändern die Psychologie

Die Beobachtungen der Babyforscher und die daraus resultierenden Bindungstheorien revolutionierten die psychologische Denkungsart. Nach den Forschungen von Bowlby gelten Bindungsstörungen, Trennungen oder der Verlust einer bedeutenden Bezugsperson (meist der Mutter) als wesentliche Ursache krankhafter Entwicklungsverläufe und späterer psychischer oder psychosomatischer Symptome. Bowlby erkannte, dass bereits ein Neugeborenes die Fähigkeit besitzt, starke emotionale Beziehungen aufzubauen, um sich vor Bedrohungen zu schützen. Innerhalb der ersten sechs Monate lernt das Kind eine Menge über sich und seine Beziehungspersonen, und die Weichen für späteres Verhalten werden gestellt.

3. Die Sache mit der Nabelschnur

Die Mutter-Kind-Beziehung besteht im wahren und übertragenen Sinn in einer leiblichen, einer seelischen und einer sozialen Nabelschnur.

Die leibliche, »echte« Nabelschnur

Die Nabelschnur ist eindeutig die innigste, am längsten dauernde und *folgenschwerste Verbindung* zwischen zwei Individuen. Dieser wichtige, lebensspendende Kanal bestand (meist) neun Monate zwischen dem mütterlichen und dem kindlichen Organismus. In ihm wurden sowohl jene Stoffe über das gemeinsame Blut transportiert, die dem Baby nützten als auch schadeten. Die (bisweilen) gute Ernährung wirkte sich aus, aber auch die Zigaretten. Die beruhigende Atmosphäre eines schönen Urlaubs zwischen saftigen, grünen Wiesen hinterließ ebenso Spuren wie der Stress und das Elend einer schwangeren Frau in Krieg und Not. Die Freude über das lang ersehnte Kind, aber auch die endlosen Streitereien, ob nicht eine Abtreibung ratsam wäre, setzten eine Chemie im Blut der werdenden Mutter frei, die der Embryo über die Nabelschnur ungefiltert »gesendet« bekam. Diese leibliche Direktverbindung, an die wir zumeist beim Wort »Nabelschnur« denken, wurde einmal durchgeschnitten. So sinnvoll diese Nabelschnur war, so gut ist es aber auch, dass ab der Geburt zwei Organismen bestehen, die sich eigenständig entwickeln können und sich nicht rund um die Uhr gegenseitig rückkoppeln. Viele Mütter berichten, dass sie zwar traurig sind, wenn dieser engste aller Kontakte nun nicht mehr besteht, aber sie empfinden es auch als Entlastung zu wissen, dass jetzt nicht jeder Schnupfen, jede Gefühlsregung und jede Speise auf ihr Kind übertragen wird (auch wenn über die Milch noch einige der mütterlichen Stoffe weiter vermittelt werden).

Ein lebensspendender Kanal

Nun existieren aber über den körperlichen Kanal hinaus noch zwei andere Nabelschnüre, die unsichtbar Mutter und Kind weit über die Geburt hinaus verbinden: die seelische und die soziale. Ob man es nun will oder nicht – sie haben ihre Wirkung! Mancher erfreut sich lebenslang daran, aber etliche Menschen leiden auch gewaltig an diesen »Gummibändern«. Sehen wir uns nun diese beiden genauer an.

Die unsichtbaren Nabelschnüre

Die seelische Nabelschnur

Manche Väter sind deswegen manchmal frustriert, und manche Mütter würden es gerne ändern – aber es ist nun einmal so:

Die Ur-Beziehung des Kindes zur Mutter ist die entscheidende (wenn auch nicht einzige) Grundlage aller weiteren Beziehungen.

Die Mutter erweist sich beim Kind als *zentral für die Bildung des Vertrauens* (sowohl zu sich selbst als auch zur Umwelt), notwendig für das Gefühl der Sicherheit in der Welt.

Wenn die Mutter für das Kind in der vorgeburtlichen Phase als schützender und nährender Körper und in der Zeit nach der Geburt als leib-seelischer Stellvertreter für die ganze Umwelt steht, so sind die beiderseitige Liebesbeziehung und das Gefühl der Zusammengehörigkeit eine der wesentlichen Erfahrungen jedes Menschen.

Später wird die Mutter, vermutlich durch einen genetisch angelegten *Brutpflegetrieb*, in besonderer Weise dazu befähigt sein, sich in die Welt ihres kleinen Kindes einzufühlen. Mehr intuitiv als intellektuell kann sie sich mit ihren eigenen Erfahrungen als Kind in Verbindung setzen und sich dadurch leichter mit ihrem Baby identifizieren. Auch wenn es manchmal sehr schwer zu erfassen ist, was ein Kind will, das noch nicht sprechen kann, erahnen es häufig Mütter (vor allem jene, die noch einen guten Zugang zu ihrer inneren Stimme haben).

Worin besteht die »seelische Nabelschnur«? Diese *intuitive Verbindung* mit den Kindern, dieses *Einfühlen* und das dadurch optimale Umsetzen der kindlichen Bedürfnisse können wir als *die seelische Nabelschnur* bezeichnen. Sie wird, wie wir sehen werden, noch lange wirken und helle sowie dunkle Seiten des gemeinsamen Lebens zutage fördern. Da Mütter durch das Mitschwingen und Identifizieren mit ihrem Kind wieder in nahen, seelischen Kontakt zu ihrem eigenen Kindsein kommen, werden die eigenen guten und schlechten früheren Erlebnisse wieder wach. Wenn es daher in der eigenen Kindheit seelische Wunden und erlittene Trennungen gab, werden auch sie nun aktiviert. Das kann man bei manchen für die Umwelt

schwer verständlichen Überreaktionen der jungen Mutter beobachten.

Mit verzögertem Beginn und nicht in der gleichen Intensität
können Väter bald nach der Geburt ihres Kindes an ihrer speziellen seelischen Nabelschnur »basteln«. Da jeder Mann auch
mehr oder weniger weibliche Anteile in sich hat (genauso wie
jede Frau auch männliche Anteile besitzt), können Väter einen
guten Teil der Elternbeziehung übernehmen, sich in ihr Baby einfühlen und einen großen Teil der Verantwortung mittragen. Manche jungen Väter nehmen diese Möglichkeit auch sehr ernst,
aber leider sind sie noch eine Minderheit. Auch sie können sich
dem Schmerz bei einer Trennung von einem Kind nicht entziehen, wenn er auch sehr häufig in anderer Qualität erlebt wird.
Männer denken in der Regel zielgerichtet und lösungsorientiert.
Sie lenken sich bei einem Problem wirkungsvoll damit ab, indem
sie rasch nach Veränderungen suchen. Sie können zumeist gar
nicht verstehen, wie die Beziehung zwischen Mutter und Kind
stattfindet: Das intuitive Gefühlsband, das sich oft einem sprach-
lichen Ausdruck entzieht, ist ihnen kaum zugänglich. Ihre männliche Art, die sie in die Beziehung einbringen, ist aber eine sehr
wichtige Ergänzung für jedes Kind.

Auch Väter knüpfen an der seelischen Nabelschnur

Die soziale Nabelschnur

Wenn die seelische Nabelschnur ein Bild für die Beziehungs-
ebene zwischen den Generationen ist, so bedeutet die soziale
Nabelschnur die *Verantwortung, ein Kind mit den Werten einer
Gesellschaft vertraut zu machen*. In diesen Bereich fällt es, das
Kind sowohl in die jeweilige Kultur eines Landes, einer Region
oder einer Volksgruppe einzuführen sowie ihm auch die individuellen Werte seines Elternpaares zu vermitteln. Nur so kann es
erleben, in einer größeren Gemeinschaft eingebunden und »zu
Hause« zu sein.

In unserer heutigen Gesellschaft gibt es fast ausschließlich
Kleinfamilien (einmal von den wenigen bäuerlichen Lebens-
verbänden und urbanen Wohnalternativen abgesehen). In diesen

Familien geht man von einer so intimen Bindung aus, wie sie sozialgeschichtlich noch niemals zuvor dagewesen ist. Alles, was ein Kleinkind früher von mehreren obsorgenden Bezugspersonen in der Mehrgenerationenfamilie bekommen konnte, muss es nun von den Eltern (und noch immer in erster Linie von der Mutter) erhalten. Früher war die Verantwortung über die Nachkommen auf die ganze Sippschaft aufgeteilt. Die spätere Aufteilung in der Kleinfamilie bescherte den Männern den Bereich der finanziellen Sicherung der Familie durch die Berufstätigkeit (aber dadurch auch Geld und Macht) und wies den Frauen die alleinige Verantwortung für die Kinder zu. Wenn diese Aufteilung zwar in unserer Zeit weit weniger vorhanden ist, so erwartet dennoch unsere Gesellschaftsform eine gut funktionierende soziale Nabelschnur zwischen Mutter und Kind, denn auf dieser Schiene hat auch noch heute großteils die Erziehung stattzufinden.

Großelterliche Beziehungen, die früher eine durchaus brauchbare tätige und emotionelle Entlastung der Mütter waren, werden auf ein Minimum zurückgeschraubt. Das hat mehrere Gründe: Die Großfamilie fällt zum einen generell auseinander, das heißt, dass junge Eltern oftmals weit weg von den Großeltern leben. Zweitens sind die Großeltern sehr oft noch so jung, dass sie selbst in ihrem beruflichen Arbeitsfeld stehen und kaum für ihre Enkelkinder abrufbar sein können.

So kommt es, dass es viele voneinander isolierte Mütter gibt, die sich redlich bemühen, ihre Kinder zu erziehen, und dabei vollkommen überfordert sind.

Was bedeutet eine gerissene Nabelschnur?

Frauen haben, wie dargestellt wurde, eine besonders starke Beziehung zu ihren Nachkommen. Es liegt in der Natur von allem Lebendigen, dass diese Beziehung einer ständigen Wandlung unterworfen ist, die zum Ziel hat, irgendwann auch in eine wohlwollende Distanz zueinander überzugehen. Nun gibt es aber immer wieder Situationen, wo Mutter und Kind unvorbereitet oder zu früh auseinandergerissen werden. Diese brutale Zwangsablösung findet zu einem Zeitpunkt statt, wo beide noch nicht dazu bereit sind. Sie werden vom Schicksal überrumpelt und haben das Gefühl, dass die bisher verbindende Nabelschnur gewaltsam auseinandergerissen wurde. Kein sanftes Verheilen, sondern *eine blutende Wunde!* Und manchmal will die Verletzung gar nicht aufhören zu bluten! *Sie kostet lebenslang Kraft* und Lebensenergie.

Wenn Frauen eine besondere Belastung in Bezug auf Trennungen in sich tragen (wie wir später genauer sehen werden), löst jeder weitere Beziehungsriss eine tief sitzende Urangst aus. Auch Großmütter leiden noch (in etwas abgeschwächter Form) an den Abrissen der generationsübergreifenden Nabelschnur.

Frauen sind anfälliger für Trennungsangst

Ich bin überzeugt, dass für alle Mütter grundsätzlich jede Form von Verarbeitung eines Verlustes ihrer Kinder eine wirklich schwierige Lebensaufgabe ist. Meine psychotherapeutische Arbeit zeigt mir immer wieder, dass ein derartiges Ereignis oft der Anlass für einen »psychischen Absturz«, für eine tief greifende Krise ist. Aber besonders leiden jene Mütter, die in sich die »Wunde des Verlustes« tragen. Ihre Verletzung aus früheren Zeiten kann immer wieder aufreißen.

Eine Verbindung nach zwei Seiten

Wie wir sahen, gibt es eine *Energieverbindung, die sich durch alle Generationen wie ein Band zieht.* Die Träger dieses Bandes sind die Mütter. Sie sind in der Vergangenheit mit ihren eigenen Müttern, den Großmüttern, Urgroßmüttern und noch weiter durch die Tatsache, Leben hervorbringen zu können, vernetzt. Und sie geben, sozusagen für die Zukunft, das Ende des Bandes an ihre Kinder weiter. Manchmal spüren sie auch diese unsichtbare Nabelschnur, aber meist bleibt die Verbindung im Unterbewusstsein. Daran anknüpfend möchte ich die beiden Grundannahmen noch einmal deutlich machen.

Als Einstimmung und Illustration möge eine kleine Fallgeschichte dienen:

Inge ist eine ungewöhnlich tüchtige Frau. Sie steckte ihre kreative Kraft in den kleinen geerbten Betrieb, stöberte mit viel Geschick Marktnischen auf und entwickelte schließlich ein Produkt, das in vier Kontinenten verkauft wird. Man muss Inge jede Hochachtung zollen – sie steht mit beiden Füßen auf dem Boden der Realität und hat unzählige Lebensaufgaben gut bewältigt. Außerdem war sie nach dem Unfalltod ihres Mannes Alleinerziehende ihrer beiden Kinder und bemühte sich nach Kräften, für sie da zu sein. Als ihr Erstgeborener schließlich mit zehn Jahren das Alter hatte, in der nächstgrößeren Stadt ins Gymnasium mit angeschlossenem Internat zu gehen, förderte sie diese Idee, denn sie wusste aus eigener Erfahrung allzu gut, dass man sein Leben aktiv in die Hände nehmen muss, um etwas daraus zu machen. Als aber der Tag nahe war, an dem der Sohn seine Koffer packen musste, vollzog sich eine sonderbare Wandlung in Inges Befindlichkeit. Ihre jahrzehntelange Stärke wich plötzlich von ihr, und sie fühlte sich von einem Tag auf den anderen wie ein verzweifeltes »Häufchen Elend«. Inge erkannte sich selbst nicht mehr. Nachdem sie dem Sohn das Herz nicht schwer machen wollte, verbarg sie ihre unbegreiflichen Gefühle vor ihm und suchte Hilfe in der Psychotherapie. Eigentlich, so meinte Inge, machte sie sich nur gewaltige Sorgen um ihren Sohn... Ob er es wohl schaffen würde in der Stadt ... so sensibel, wie er nun einmal ist ... ihre eigenen Gefühle seien dabei nicht der Rede wert. Erst nach einiger Zeit der gemeinsamen Arbeit entschloss sich Inge, sich auch selbst ernst zu nehmen, auch wenn sie längere Zeit nicht verstehen konnte, was da völlig unerwartet in ihrem Inneren geschehen war.

Geschichten, wie diese von Inge, berührten mich sehr. Ich dachte oft darüber nach und suchte nach ähnlich gelagerten Fällen bei meiner Arbeit. Und siehe da: Im Laufe der Jahre fand sich eine ganze Reihe erstaunlicher Lebensgeschichten von starken Frauen, die anhand eines drohenden oder tatsächlichen Verlustes plötzlich ihre ganze Kraft wegrinnen sahen und sich in einem unsagbaren Schmerz wiederfanden. Was war geschehen?

Wieder zu Inge: Beim Aufrollen ihrer Lebensgeschichte stellte Beispiel sich bald heraus, dass sie bereits als kleines Mädchen einen gewaltigen Verlust erlitten hatte: Ihre Mutter starb, und die Stiefmutter hatte eigentlich nur Interesse an ihrem Vater, aber nicht an den angeheirateten Kindern. Der Vater kümmerte sich neben seinem Beruf in erster Linie um seine »neue Liebe«, und so kam auch er der kleinen Inge abhanden. Nun – das ist alles schon lange her und ist längstens überwunden!, meint Inge. Niemals denkt sie an die alten Zeiten! Wozu auch? Sie hatte ihr ganzes Leben keine Zeit gehabt, sich in der Vergangenheit zu verkriechen. Sie musste in der Gegenwart jeweils voll und ganz ihre Kraft einsetzen!

Eben: Inge hatte in Ermangelung einfühlsamer Bezugspersonen niemals die Gelegenheit gehabt, ihre frühen seelischen Verletzungen auszuheilen. Sie trug daher eine schlecht verheilte Narbe an einem »psychischen Organ«, das sich in dieser starken Ausprägung nur bei Frauen findet: eine Art Nabelschnur, die das Vorher und das Nachher miteinander verbindet, vernetzt.

Daher lautet meine erste Annahme:

Frauen sind über Generationen hinweg durch eine unsichtbare Nabelschnur miteinander verbunden.

Ich will damit nicht sagen, dass Männer nicht auch mit ihren Nach- und Vorfahren verbunden sind und ebenso in einer Art Generationennetz gehalten sind, aber meine Beobachtungen ließen mich zu dem Schluss kommen, dass diese »Ahnenfolge« bei Männern von anderer Qualität ist als bei Frauen. Männer leiden bei Verlusten durchaus (und wir werden uns auch einige Fallgeschichten von ihnen ansehen), ich habe aber bei ihnen noch nie erlebt, dass sie so essenziell getroffen, so tödlich verletzt werden wie manche Frauen.

Die kleinsten Kinder unseres Landes lernen bereits die Lebensweisheit von »Hänschen klein«. Hänschen hat es ziemlich leicht, sich von der Mutter abzulösen und fortzugehen. Er macht sich keinerlei trübe Gedanken, wie es mittlerweile der Mutter geht, sondern er genießt seine Freiheit. Nun haben wir aber den klassischen Fall einer gerissenen Nabelschnur: Da Hänschen noch relativ klein ist, kann die Mutter von ihrer Obsorge noch nicht loslassen. Sie ist noch nicht so weit, ihr Kind ziehen zu lassen. Ich weiß nicht, wie es Hänschen zu Ohren kam, dass die Mutter so fürchterlich leidet. Jedenfalls kommt ihm langsam zu Bewusstsein, dass er sich reichlich egoistisch verhalten hat, und versucht nachträglich, wieder einen Teil zu reparieren. Wie die gemeinsame Geschichte von Hänschen und seiner Mutter weitergeht, wissen wir nicht, es ist aber anzunehmen, dass die Mutter eine Narbe mehr in sich trägt.

Aber zurück zu Inge:

Wie man anhand der Geschichte von Inge sehen kann, können sich frühere Verletzungen dieser unsichtbaren Nabelschnur jederzeit auswirken, wenn eine Situation in gefühlsmäßiger »Nachbarschaft« des alten Verlustes auftaucht. Auch wenn zwischendurch keinerlei Anzeichen in vielen Lebensbereichen auf den alten, überwunden geglaubten Defekt hinweisen und die betroffene Frau mitunter besonders lebenstüchtig ist, gibt es doch tief drinnen, in ihrem innersten Kern, eine kaum vernarbte, seelische Wunde, die unvermittelt aufbrechen kann, wenn es wieder einmal zu einer Trennung kommt. Dann trifft der Schmerz, die Verzweiflung mit einer ungeahnten Härte über die betroffene Frau herein und zwingt sie in die Knie.

Meine zweite Annahme, die wir durch weitere Kapitel beobachten werden, ist daher folgende:

Jene Frauen, die ein unverarbeitetes Verlusterlebnis in ihrer Kindheit hatten, sind bei allen Arten von Trennungen besonders verletzlich. Ihre alte Wunde bricht wieder auf. Besonders wirkt sich das naturgemäß aus, wenn sie selbst Kinder haben, denn dieser Bund ist am intensivsten. Aber auch bei anderen Trennungen gibt es oft eine Überreaktion, wenn die »Wunde des Verlustes« schmerzlich aufbricht.

II. Die Ursachen

Gedankenimpuls

Wer seine Geschichte nicht kennt, muss sie immer wiederholen.

Das Gestern ist im Fühlen und Handeln nicht vom Jetzt getrennt. Wir nehmen durch die Brille von gestern unser Leben oft verzerrt wahr. Ein Kind, das von seinen Bezugspersonen nicht in seinem ganz speziellen »So-Sein« wahrgenommen wird, kann keine Identität, keine Sicht von sich selbst entwickeln.

In der Kindheit entstehen viele Rollen, die uns das ganze Leben begleiten.

Manche Rollen können im Laufe unserer persönlichen Entwicklung zu Fallen werden. Dann besteht die Gefahr, dass sie unsere Möglichkeiten einschränken und zur Minderung der Lebensqualität beitragen.

1. Über die ungünstigen Voraussetzungen

Viele Faktoren verursachen gemeinsam Verlustangst

Am Entstehen einer Verlustangst sind mit Sicherheit viele Faktoren beteiligt. Erst bei einer Kombination von einer Reihe schlechter Voraussetzungen und einer speziellen Wunde des Verlustes reagiert ein Mensch mit einer erheblichen Verlustangst. Über die vielen Möglichkeiten der seelischen Verwundungen wird später sehr ausführlich berichtet.

Hier ist die Liste der *schlechten Voraussetzungen:*

Vermutlich ist auch diese Aufzählung nicht komplett, aber in meiner psychotherapeutischen Arbeit war ich immer wieder hauptsächlich mit diesen Punkten konfrontiert. Wenn Sie selbst von Verlustangst betroffen sind, können Sie die folgende Liste auch als Checklist für Ihr persönliches Umfeld verwenden.

Als Checkliste verwenden

1. Die Angstbereitschaft in der Familie
2. Ein familiärer Druck zur Nähe
3. Hilflose Bezugspersonen
4. Bezugspersonen, die das (kindliche) Problem nicht erkannten
5. Bezugspersonen, die ihre Gefühle nicht ausdrückten
6. Bezugspersonen, die die Kinder nicht ins Leben einführten
7. Die Erziehung zur Unselbstständigkeit
8. Die Erziehung zu einem schlechten Selbstwertgefühl
9. Ein Mangel an allgemeinen Bewältigungsformen (wie Trauerritualen)

Diese schlechten Voraussetzungen nun im Einzelnen:

1. Die Angstbereitschaft in der Familie

Mehrgenerationale Angst

In den Familien Angstkranker findet man oft eine regelrechte Angsttradition, die sich *über mehrere Generationen hinweg* erstreckt. Eine düstere Stimmung breitet sich aus. Jeder ist überzeugt davon, dass von allen Möglichkeiten immer die schlechteste eintreffen wird. Pessimismus ist angesagt! Man hat den Eindruck, dass regelrecht nach Bestätigung der Sorgen gesucht wird. Fast alles, was passiert, passt dann in das Angstschema und bestätigt die scheinbare Richtigkeit der Angsterwartung. Bestimmte Situationen werden aus Angst immer wieder vermieden. Aber dadurch vergrößert sich die Furcht leider noch mehr, ohne dass jemand aktiv etwas dazugetan hat. Durch die Vermeidung von Bewältigungsversuchen kommen die Angstgeplagten nicht zu der hilfreichen Erfahrung, dass sie und konkret *wie* sie mit den Ängsten umgehen könnten.

Nach heutiger Ansicht erlernen Kleinkinder schon in den ersten Tagen und Monaten ihres Lebens »*Kompetenz im Umgang mit Gefühlsregungen*«. Gelingt es also den Bezugspersonen, ein ängstliches Kind zu beruhigen, spürt das Baby, dass sich *Erregungszustände regulieren lassen*. Ohne eine solche wiederholte Erfahrung bleibt es körperlichen Erregungen möglicherweise lebenslang ausgeliefert. Später reichen oft geringfügige Anlässe, um das ohnehin schon *hohe Erregungsniveau so weit zu steigern, dass es in massive Angst umschlägt*. Dann müssen Ärzte und Therapeuten durch »beruhigendes Einwirken« die Betroffenen gleichsam »nachschulen«.

Bei Menschen mit Verlustangst gab es in den entsprechenden Familien ein Ereignis (nämlich eine Trennung), das die nachfolgenden Ängste auslöste. Das Kind erlebte (wie wir schon sahen), dass jene Menschen, an denen es sich orientiert, nicht in der Lage sind, ihr Leben nach den neuen Anforderungen umzustrukturieren. Man verharrte in Selbstmitleid, wollte unbedingt die vergangenen Zustände wieder heraufbeschwören und vermittelte, dass jetzt »Weltuntergangsstimmung« angesagt war. Bei dieser Unfähigkeit, die positiven Kräfte (man spricht von »Ressourcen«) zu mobilisieren und ein »neues Leben« zu beginnen, bei dieser Fixierung von Schmerz und Hilflosigkeit entwickelt sich bei den Betroffenen und oft auch bei ihren Nachkommen eine *Anpassungsstörung*. Das bedeutet, dass verzögert, also erst einige Zeit nach dem belastenden Ereignis, eine ganze Reihe von Symptomen auftreten kann.

2. Ein familiärer Druck zur Nähe

Ich kenne durch meine Arbeit etliche Familien, in denen es über Generationen hinweg so üblich ist, ständig in Kontakt sein zu müssen. Die täglichen Anrufe, manchmal sogar mehrmals pro Tag, werden als ganz normal angesehen. Im Handyzeitalter ist diese Zwangsverbundenheit noch schlimmer geworden. Freiheit gibt es oft nicht einmal durch einen Umzug ins Ausland. Natürlich lernen Kinder diese neurotisch enge Beziehung als normal

Zwangs-
verbundenheit
in der Familie

zu betrachten, und da es ihnen oft genug eingeredet wurde, verwechseln sie diese Enge häufig mit »Liebe«.

Wir wollen dabei nicht übersehen, dass dieser absolute Nahkontakt und diese dauernde Sehnsucht tatsächlich eine Besonderheit der Liebe sind, allerdings nur in Ausnahmezeiten. Als Verliebte haben wir den Wunsch, den geliebten Menschen glücklich zu machen. Wir fühlen uns in ihn ein, wir wollen seine Wünsche erraten, denken mehr an ihn als an uns selbst, können uns selbst vergessen und den beglückenden Austausch des Gebens und Nehmens erleben, der uns mit ihm zu einem »Wir« zusammenschmilzt, das die Getrenntheit der Individuen aufhebt, wenn auch nur für Augenblicke.

Ein Dauerzustand sind diese Gefühle bestimmt nicht, sonst würde man keine Luft zum Atmen und keinen Raum zur eigenen Entwicklung haben.

Depressive Familien verhalten sich allerdings so, als ob eine gefühlsmäßige Entfernung die pure Rohheit wäre.

3. Hilflose Bezugspersonen

Es gibt aber nicht nur ängstliche und depressive Familienmuster, die maßgeblich an der Entstehung von Verlustängsten beteiligt sind, es gibt auch ausgesprochen hilflose Menschen, die ihren Stil an die Nachkommen weitergeben. Hilflosigkeit hat nichts mit mangelnder Intelligenz zu tun, wie es manchmal vermuten lässt. Viel eher betrifft es den *Mangel an Kreativität im Alltag*, die Unmöglichkeit, spielerisch mit verschiedenen Lebensformen umzugehen.

Hier sind es die zwanghaft strukturierten Familien oder Bezugspersonen, die einem Kind vermitteln, dass alles im Leben so und nicht anders ist. Mit übertriebener Hartnäckigkeit wird an etwas festgehalten, das vielleicht bisher üblich war. Meistens leben auch diese Familien relativ isoliert. Es soll möglichst vermieden werden, die Kinder auch mit anderen Lebensformen in Kontakt zu bringen. Und wenn dann das Schicksal eine Wendung bringt, für die kein Bewältigungsmuster in dem kleinen,

engen Repertoire der Familie vorgesehen ist, dann bricht die
große Hilflosigkeit aus. Außer Jammern (»Wieso passiert gerade
mir das?«) gibt es keine Einfälle.

4. Bezugspersonen, die das (kindliche) Problem nicht erkannt haben

Leider gibt es eine große Anzahl von Familien, in denen kindliche Not nicht wirklich erkannt wird. Die Erwachsenen sind so
mit sich beschäftigt, dass sie sich nur wünschen, dass die Kinder
»brav« sind, später möglichst gute Schulnoten nach Hause bringen und sonst nicht weiter auffallen. Viele (und hier vor allem
Väter) können keine Auskunft darüber geben, wie es ihrem Kind
geht und womit es gerade beschäftigt ist. Das Seelenleben der
Nachkommen ist außer ihrem Blickfeld. Wenn man in eine
Familie hineingeboren ist, der die Sensibilität für ihre Mitglieder
fehlt, hat man es ohne Zweifel schwer zu lernen, dass die eigenen
Gefühle überhaupt beachtenswert sind und dass man auch mit
jedem dieser Gefühle anders und adäquat umgehen könnte oder
sollte.

Fehlende Sensibilität in der Familie

In früheren Zeiten war man generell der Meinung, dass Kinder
»einfach mitlaufen«. *Niemand machte sich Gedanken über das
kindliche Seelenleben.* Die Älteren werden das sicher bestätigen
können. In ländlichen Familien und solchen mit einer größeren
Kinderschar ist es auch heute oft nicht anders. »Man kann sich
doch nicht um alles kümmern!«

Die Sorge um die psychische Befindlichkeit der Nachkommen
blüht eher in städtischen und bürgerlichen Gefilden, aber auch
hier sind häufig das Wohlergehen der Firma oder die gesellschaftlichen Verpflichtungen vorrangig. Oder der Computerkurs, der
Englischkurs, die Ballettstunden, das Fußballtraining oder was

auch immer an frühkindlicher Förderung »in« ist, werden wesentlich wichtiger genommen als das einfache, unpopuläre und vielleicht auch emotional anstrengende Miteinander-Reden.

Wenn wir uns mit der Verlustangst auseinandersetzen, durchwandern wir eine Kette von unerkannten, nicht ernst genommenen Problemen.

5. Wenn Gefühle nicht ausgedrückt werden können

Die Schwierigkeit, Emotionen zu zeigen

Das nächste Glied in der Kette sind Familienmitglieder, die zwar eine Ahnung (oder innere Vorstellung) von ihrem eigenen Seelenleben und dem ihrer nächsten Umgebung haben, aber nicht imstande sind, über das Innenleben zu sprechen. Nicht einmal der mimische Ausdruck der Gefühle ist im eigenen Repertoire. Besonders manche Bewohner karger Landregionen oder auch Nordeuropäer sind etwas »maulfaul« und von stoischem »Gleichmut«. Kinder (und später die Erwachsenen) haben manchmal keine Ahnung, was ihre Eltern beschäftigt. Sie haben sie kaum jemals weinen oder ausgelassen lachen sehen. Freude, Enttäuschung, Wut, Rührung, Trauer, Liebe zeichneten sich nicht im Gesicht ab. Wer im Berufsleben besondere Selbstbeherrschung übte, ist manchmal für seine Nachkommen ein wahres Rätsel. Diese Pokerface-Menschen führen ihre Kinder natürlich auch nicht ein, wie man im Gesicht des anderen »lesen« und sich dadurch einfühlen kann. *Ein Manko in der zwischenmenschlichen Kommunikation entsteht und öffnet die Türen für die vielen Missverständnisse,* die Verlustängstliche und ihre Angehörigen sehr gut kennen.

6. Erwachsene sollten Kinder ins Leben einführen

Wer kennt ihn nicht, diesen oft verwendeten Satz in vielen Familien: »Nicht vor den Kindern!«? Er sollte stets Erwachsene bremsen, Kinder mit ihren Gefühlen zu konfrontieren. Besonders in den »gutbürgerlichen« Familien war man bestrebt, die Kinder in einer heilen Welt aufwachsen zu lassen und mit dem

»Erwachsenenkram« nicht zu belasten. Es ist zwar bekannt und bewiesen, dass die zarten kindlichen Seelen nicht die Kraft und die Ausrüstung haben, mit den großen Streitereien, den Morddrohungen, den tätlichen Auseinandersetzungen, den sexuellen Exzessen, den Heul- und Schreiorgien, aber auch den Horror-, Katastrophen-, Sex-and-Crime-, Gruselfilmen zurechtzukommen. Sie können sich nicht innerlich distanzieren und das Erlebte vernunftmäßig verarbeiten. Aber die Alternative ist sicher nicht der »Glassturz«. *Wer nichts von Problemen* (in kindgerechter Form) *erfährt, weiß natürlich auch nichts von deren Bewältigung.*

Erfahrungen mitteilen

Die Generation, die nach dem Zweiten Weltkrieg aufgewachsen ist, hatte Bezugspersonen, die leidvoll erfahren mussten: Wer den Mund aufmacht und seine Meinung äußert, lebt sehr gefährlich. So gewöhnte man sich in vielen Familien an, wichtige Erfahrungen in seinem Herzen zu begraben. Auch als es nicht mehr mit Gefahren verbunden war, hütete man sich, viel von sich zu erzählen. »Man weiß ja nie …« Die nachfolgenden Kinder erfuhren also nichts von den Falschmeldungen, Manipulationen, Gräueln, Massakern, Todesängsten, nichts von Gefangenschaft, Tod und seelischen Verletzungen, kaum von Mut und Verzweiflung und leider auch wenig von Hoffnung und Überlebenswillen. Wie viel entging ihnen da …

Aber auch heute wäre es gut, wenn Kinder miterleben könnten,

- wie sich die zerstrittenen Eltern wieder versöhnen;
- wie man sich nach einem großen Ärger die gute Laune zurückholt;
- wie es die Mama verarbeitet, wenn die Oma im Sterben liegt;
- wie der Papa darauf reagiert, wenn der Chef wieder einmal total ungerecht war;
- wie der Opa nach seinem Herzinfarkt »zurückschrauben« muss

und vieles mehr, das zum Leben dazugehört.

7. Wie erzeuge ich Unselbstständigkeit?

Wir werden es später noch genauer sehen: Wer eine enge, exklusive Beziehung haben möchte, »arbeitet« emsig an der Unselbstständigkeit seiner Kinder und Partner. Es ist ein probates Mittel, dass Menschen, die nicht allein mit dem Alltag zurechtkommen, in einer abhängigen Bindung bleiben.

Nun – Kinder sind von vornherein abhängig, aber man kann auch einiges tun, dass es so bleibt.

Man muss ihnen nur (wie im vorigen Kapitel geschildert) alles an Unannehmlichkeiten abnehmen, man muss sie später von Ämtern, Supermärkten, Banken fernhalten und ihnen keinesfalls erklären, wie man die Waschmaschine in Betrieb nimmt. Auch sollte man sie immer aus der Küche jagen, damit sie nicht auf die Idee kommen, selbst etwas gegen den Hunger zu unternehmen. Es ist vermutlich besonders befriedigend, sich als die Herrin/den Herrn der »Futterstelle« zu fühlen. Bei kleineren Kindern funktioniert es in der heutigen, komplizierten Welt auch sehr gut, ständig den Chauffeur zu spielen, um sie zu ihren diversen Aktivitäten hin und nach Hause zu bringen. Sie sollen sich mit öffentlichen Verkehrsmitteln möglichst wenig auskennen.

Wie alt die Kinder auch sind – eines darf man nicht vergessen: Man muss unbedingt so oft wie möglich betonen, wie wichtig man für sie ist und wie wenig sie allein zustande bringen würden. Meist sind die Junioren aus Bequemlichkeit ganz froh, wenn sie hinten und vorne bedient werden, und merken es erst viel später, welche *Verhaltensdefizite* sie im Alltag haben.

8. Die Erziehung zu einem schlechten Selbstwertgefühl

Die eben geschilderten Strategien führen nicht nur zu einer mangelhaften Selbstständigkeit. Sie haben auch noch einen zweiten Effekt: Sie verhindern ein gesundes Selbstwertgefühl, da man durch den Mangel an Fertigkeiten immer wieder Misserfolgserlebnisse hat. Selbstständige Jugendliche sind auch nicht gerade zimperlich mit ihren Bemerkungen, wenn sie einen verwöhnten

Versager, der sehr schnell an seinen Grenzen angelangt ist, in seiner Hilflosigkeit erleben.

Für den Erwerb eines schlechten Selbstwertgefühls muss allerdings schon sehr viel früher begonnen werden. Und leider geschieht dieser Prozess unbemerkt und nicht beabsichtigt.

Das Selbstwertgefühl hat seine Wurzeln bereits im Babyalter. Ein Kleinkind ist angewiesen auf das, was es von seinen Bezugspersonen »gespiegelt« bekommt. Wenn es spürt, dass es willkommen ist und geliebt wird, so lernt es, einen Wert für seine Umgebung zu haben. Darauf kann es aufbauen und in der Folge immer wieder dazulernen, bis es schließlich diesen Wert selbst fühlen kann.

Wurzeln des Selbstwertgefühls

Ein Kind, das ignoriert oder sogar abgelehnt wird, lernt auch etwas daraus: nämlich, dass es wohl besser wäre, wenn es gar nicht vorhanden wäre. Auch das ist eine Basis, die mit späteren Erfahrungen in Beziehung gebracht wird.

Seit es das Patriarchat gibt, haben Mädchen erfahren, dass sie weniger wert sind als Jungen, die, auch ohne eine Leistung zu erbringen, die »Krone der Schöpfung« sind. Das Selbstwertgefühl der beiden Geschlechter verteilt sich dementsprechend.

Ein zu hundert Prozent funktionierendes Mittel, den Selbstwert gering zu halten, ist es, wenn Eltern immer höhere Ansprüche an ihre Kinder haben, als diese zu erfüllen imstande sind. Die Schulnoten, die sportlichen Leistungen, die Auswahl der Freunde etc. lässt grundsätzlich zu wünschen übrig.

Und was hat das alles mit Verlustangst zu tun?

Selbstwert und Verlustangst

Menschen, die selbst kein Wertesystem für sich selbst entwickeln konnten, eines, mit dem sie sich auch belohnen und loben konnten, plagen sich mit Schuldgefühlen und Selbstbeschimpfungen. Mit inneren Sätzen machen sie sich herunter und entmutigen sich (so, wie sie es oft genug gehört haben). Diese Menschen brauchen, um nicht seelisch zugrunde zu gehen, irgendetwas, wo sie dominieren, manipulieren, besser sein können. Kurz: Sie dürsten nach Macht. Wie sie diesen gefährlichen Aspekt der Verlustangst später an ihrer Umgebung ausleben, wird im Kapitel über die »Folgen« zu lesen sein.

9. Ein Mangel an allgemeinen Bewältigungsformen

Zu guter Letzt gibt es noch einen Faktor unter den Voraussetzungen für die Entstehung der Verlustangst, der ausnahmsweise nicht der Familie, sondern der Zeit, in der wir leben, angelastet werden muss: Die moderne Gesellschaft hat ebenso wie die individuellen Vorgeschichten ihren Anteil daran, dass nicht verarbeitete Verlusterlebnisse vermehrt zu Ängsten führten.

Auch früher waren Familien oft außerstande, ihren Nachkommen individuelle Bewältigungsstrategien in schwierigen Situationen, wie zum Beispiel bei Verlusten, zu vermitteln. Da gab es aber zumindest ritualisierte Formen, die in Krisen verlässlichen Halt gaben. Viele Volksgruppen auf der ganzen Welt haben auch heute noch einen reichen Schatz an standardisierten Verhaltensweisen, die probate Stützen für alle Altersstufen bieten. So sind vor allem die Zeiten für ausgiebiges Trauern, Rückzug und ein »Wiedererwachen der Lebensgeister« genau vorgeplant. Bei uns sieht es allerdings anders aus: In den Erneuerungsideen der 68er-Bewegung war es ein wichtiger Punkt, die alten Bräuche und Rituale abzuschaffen. Man sah darin eine Beschränkung der persönlichen Entwicklung. Psychologen und Psychotherapeuten merkten es aber bald: Wir brauchen wieder Rituale!

Ganz ohne Ausdrucksformen, die das Leben strukturieren und ihm Rhythmus geben, scheint es nicht zu gehen. Ein gewisses Vakuum wurde sichtbar. Daraus resultierend reißt der Ruf nach neuen Riten nicht mehr ab: nach Trauerzeremonien, um schwierige Zeiten besser zu überstehen, ebenso wie nach Initiationsritualen, um neue Lebensabschnitte sinnvoll einzuleiten, nach kollektiven Formen der Freude, nach Heilungsritualen, um Hoffnung zu geben und die Selbstheilungskräfte zu mobilisieren, und vieles andere mehr.

Im privaten, ganz persönlichen Bereich fehlen aber noch viele Rituale, die das Leben entscheidend erleichtern können.

Bei Begräbnissen werden ein paar Kondolenzworte gemurmelt. Viele Menschen spüren, dass diese Form nicht mehr stimmig ist, es mangelt aber an einer neuen.

So leben wir in einer unangenehmen Übergangszeit. Der Mensch braucht offenbar neu geschaffene Formen, aber noch ist es nicht so weit.

Alte Formen – neue Formen

2. Alte Beziehungsrisse

Wenn die Seele schreit: Verlassenheit in der Kindheit

Die »*Wunde des Verlustes*« – sie ist der Urgrund aller späteren Verwicklungen, wenn es um Ablösung, Trennung, innere Abnabelung geht. Sie ist die Verletzung, die manchen Erwachsenen vom Schicksal zugefügt wurde, als sie selbst noch kleine Kinder waren. Alle, die einen nicht verarbeiteten Schmerz aus einer früheren Trennung oder eine kaum verheilte Narbe in sich tragen, werden später immer an diese schlimme Vergangenheit erinnert werden, wenn das Thema »Verlust« im Raum steht.

Um es noch einmal zu verdeutlichen: Wenn sich Verlustangst in seltsamen und schädlichen Verhaltensweisen manifestiert, ist zumeist an zwei verschiedenen Zeitpunkten etwas Fatales passiert. Zuerst gab es den tatsächlichen Verlust, den ein Kind nicht adäquat verarbeiten konnte, weil die Umwelt dabei weder mit Rat noch Tat half. Dann wuchs langsam ein bisschen Haut über die Wunde, und so geriet diese verletzliche Stelle in der Psyche bei vielen Betroffenen fast in Vergessenheit, obwohl sie ständig wie eine tickende Bombe im Inneren vorhanden war. Und plötzlich, im Erwachsenenalter, bricht die Wunde unvermutet auf, wenn ein neuerlicher Verlust droht oder gerade erlebt wird. Für gesunde Menschen gehören Verluste zum Leben. Für Menschen mit Verlustangst werden sie zur Katastrophe.

Wenn die Wunde wieder aufbricht

Verlusttrauma – wie frühe Verlassenheit prägt

Bevor wir uns den zahlreichen Facetten früher, traumatischer Verlusterlebnisse zuwenden, sollten wir uns den Begriff »*Trauma*« ansehen. Die Psychologie definiert Trauma als emotionale Ursache einer psychischen Störung. In unserem Fall führen frühkindliche Belastungen (wie eine Trennung) im späteren Leben zu Symptomen, welche in direkter oder symbolischer Weise das traumatisierende Ereignis darstellen. Das heißt, dass sich das psychische Trauma in der kindlichen Seele festsetzt und auf Jahre hinaus das Denken und Handeln beeinflusst. (Man muss aber dazu sagen, dass nicht jedes Trauma zu Neurosen, vor allem zu Ängsten führt, sondern es muss, um wirksam zu werden, auf eine bestimmte psychische Disposition treffen. Was für den einen Menschen ein fatales Trauma ist, bedeutet für einen anderen einen Anstoß für Entwicklung.) Einen großen Einfluss auf die späteren Auswirkungen hat es, ob die seelische Verletzung als solche überhaupt erkannt wird. Aber ausschlaggebend ist vor allem, ob hilfreiche Menschen das bedrohte Kind bei der Verarbeitung des Traumas unterstützten. Hilfreich bedeutet, dass das Kind über seine Erlebnisse reden konnte, ohne sogleich (wie es meistens der Fall ist) durch einen Pseudotrost abgestoppt zu werden. Hilfreich bedeutet auch, dass es Erwachsene gab, die selbst genügend Stabilität hatten, um dem Kind Halt zu geben, und die außerdem in der Lage waren zu zeigen und vorzuleben, wie man langsam aus einer Krise herauskommt. Um es noch einmal deutlich zu machen: *Nicht der Verlust an sich ist traumatisierend, sondern das Unvermögen, damit umzugehen.* Man kann also nicht sagen, dass es jemandem so schlecht geht, weil er einen wichtigen Menschen verloren hat, sondern weil die umgebenden Menschen versagt haben, die nötige Geborgenheit, Nähe und Zuwendung zu schenken. Dazu muss man allerdings wahrnehmen, dass ein wichtiger Verlust entstanden ist (was, wie wir später sehen werden, keinesfalls immer der Fall ist). Wenn also nicht in adäquater Weise reagiert wurde, müssen nicht, aber können sehr schwerwiegende *Symptome* entstehen. Bekannt sind alle Ausprägungen der Depression, Missbrauch von Drogen, Medikamenten oder Alkohol und unbewusste Abtrennung von Erlebnisinhalten. Typisch sind auch Gefühle der Wut, Trauer, Schuld, Angst und andere, die sich ohne ersichtlichen Grund abwechseln können. Manchmal werden Teile der Erinnerung geleugnet, um sich nicht mit intensiven, überfordernden Gefühlen auseinander-

Was wirkt traumatisierend?

setzen zu müssen. Auch Umstände des alten Traumas sind manchmal wie aus dem Gedächtnis radiert. Albträume, Schreckreaktionen und übermäßige Sorgen werden oft beobachtet. Was man als Erwachsener gegen die schlimmen Folgen unternehmen kann und wie man sich vor einer ständigen Neubelebung schützt, werden wir uns später ansehen. Nun aber zu den psychischen Verletzungen, die sich speziell auf den Beziehungssektor auswirken.

Lieben und geliebt werden gehört zu den archaischen Bedürfnissen jedes Menschen. Wenn wir uns also Geborgenheit und vertrauten Nahkontakt von unserem ersten Atemzug an wünschen, so gehört die Angst, die Liebe zu verlieren, zu den Urängsten, die niemandem erspart bleibt. Selbst Kinder (und später die daraus entwickelten Erwachsenen), die eine vernünftige und einfühlsame Erziehung genossen haben, kennen sie zumindest im Ansatz. Wie viel mehr sind aber Menschen davon betroffen, die in ihrer Kindheit erlebt haben, dass Liebe Mangelware war.

Die Liebesfähigkeit ist zwar dem Menschen in seinen Anlagen zugrunde gelegt, aber sie muss durch ein »Gegenüber« geweckt werden, sonst kann sie sich nicht entfalten. Dieses »Du«, dieser andere Mensch »beantwortet« die Äußerungen des kleinen Kindes. Es lächelt zurück, reagiert auf die Laute, die das Baby von sich gibt, oder runzelt die Stirn, wenn irgendein Verhalten nicht so erfreulich ist. Das Kind erkennt sich wie in einem Spiegel. Es erlebt, dass es im Gegenüber ankommt. Dieses »Du« gibt dem Kind seinen Selbstwert, denn es erlebt sich wert genug, geliebt zu werden. Nur dann kann es auch Liebe zurückgeben.

Wo diese Entwicklung durch besondere und tragische Umstände gestört ist, müssen wir mit lebenslangen Auswirkungen einer bösen psychischen Verletzung rechnen. Diese Wunde der frühen Einsamkeit ist für Männer und für Frauen gleich: Beide fürchten sich vor Trennung. Wir haben alle die Sehnsucht in uns, zumindest für eine gewisse Zeit, die Getrenntheit, die wir oft als Erwachsene erleben, gegen ein Gefühl des Einsseins, des Verschmelzens einzutauschen. Wir wollen immer wieder nach dem Urbild der frühen Mutter-Kind-Beziehung eine Situation wiederherstellen, in der wir uns bedingungslos geliebt fühlen. Und wer als Kleinkind zu wenig davon bekam oder wessen Beziehungen immer wieder bedroht waren, der leidet »ewig« unter einer quälenden Verlustangst. Das wirkt sich später in allen Arten von erwachsenen Liebesbeziehungen aus.

Was die Beziehung zu den Kindern betrifft, sahen wir bereits, dass Mütter durch ihre genetische Disposition, für ihre »Brut« zuständig zu sein, bei vorzeitigen Trennungen psychisch sehr gefährdet sind. Aber auch heutige Väter, die sich intensiv auf ihre Kinder einlassen, oder alleinerziehende Väter kommen in die Nähe dieser psychischen Konstellation. Wenn sie eine »Wunde des Verlustes« in sich tragen, kommen viele Ängste um ihr Kind in ihnen hoch. In schwarzen Momenten erscheinen Horrorvisionen, die ihnen vorspielen, was den Kindern alles passieren könnte.

Als Beispiel für zwei Väter mit der »Wunde des Verlustes« stehen die Geschichten von Gabriel und Jan.

Beispiel

Gabriel war der Sohn eines reichen Geschäftsmannes. Nur – das durfte niemand wissen. In der Großstadt, in der er aufwuchs, war es nicht sonderlich schwierig, ein uneheliches Kind zu verbergen. Gabriel erlebte aber diesen Makel schmerzlich, denn es gab immer wenig Geld zu Hause und die Mutter ließ keinen Zweifel offen, dass daran der Vater schuld sei. Er zahlte nämlich nicht entsprechend und regelmäßig. Gabriel lernte, dass der Verlust des Vaters fatal sei, und er spürte den Frust der Mutter. Als er etwas größer war, ging seine Mutter manchmal mit ihm in der Nähe des Geschäftes spazieren. Dann blieben sie an der Auslage stehen, und die Mutter zeigte ihrem Kind den Vater, wenn er zufällig in den vorderen, sichtbaren Räumen auftauchte. Er war wie ein Phantom. Gabriel sah den Vater zwar, aber durfte nicht zu ihm. Angesichts der luxuriösen Ausstattung der Firma war der Kontrast zu ihrem armseligen Dasein zu Hause noch schmerzlicher. Auch die unausgesprochene Sehnsucht der Mutter blieb Gabriel nicht verborgen.

Nun – Gabriel wurde erwachsen, heiratete und bekam einen Sohn, den er vom ersten Augenblick an innig liebte. Während der langen Zeit einer schweren Krankheit seiner Frau kümmerte sich Gabriel fast ausschließlich um das Kind und knüpfte dadurch noch festere Bande.

Vielfältige Konflikte zerstörten später die Ehe, und man beschloss die Scheidung. Gabriel, der in letzter Zeit mit seiner Frau oft gestritten hatte, war durch die Trennung zuerst sehr erleichtert, aber als das Kind der Mutter zugesprochen wurde (wie es in unserem Rechtssystem meist geschieht), brach Gabriel regelrecht zusammen. Der Verlust seines Kindes katapultierte ihn in eine tiefe Depression, aus der er nur mit Mühe und dem psychotherapeutischen Aufarbeiten seiner »Wunde des Verlustes« herauskam.

Und nun die Geschichte von Jan: Jan hatte einen eigenartigen Vater. Auch später, lange nach dem Tod seines Vaters, konnte Jan sich nicht erklären, warum er vom Vater Geschichten erzählt bekam, die nichts anderes als Angst und Schrecken in ihm hinterlassen hatten. Jan konnte sich schwer eingestehen, dass sein Vater, der für die Familie gut sorgte, offenbar eine geheime sadistische Ader hatte, die er in manchen seltenen Momenten auslebte.

Beispiel

So erzählte der Vater dem kleinen Jan wiederholt eine »Gute-Nacht-Geschichte«: In Amerika lebt angeblich ein Mann namens John Christiansen, der eigentlich der wirkliche Vater von Jan ist. Der kleine, kaum 5-jährige Jan sollte nun selbst entscheiden, ob er nach Amerika zu seinem »echten Vater« geschickt werden soll oder zu Hause bei seinem gewohnten »Vater« bleiben möchte.

Immer wenn der kleine Junge diese Geschichte aufgetischt bekam und mit dieser fürchterlichen Frage konfrontiert wurde, schrie und weinte er bitterlich. Was sollte er denn allein ohne seine Familie in diesem fernen Land, in dem er niemanden kennt. Er will nicht weg von Mama, Papa und Bruder! Bitte nicht! Der einzige Gedanke, der ihn beherrschte, war: Wollen sie mich denn nicht mehr? Habe ich etwas getan, dass sie mich wegschicken? Was soll ich tun, damit ich hierbleiben kann?

Als Jan älter wurde, bemerkte er die unübersehbare, große körperliche Ähnlichkeit, die ihn mit seinem Vater verband und die es klarmachte, dass dieser geheimnisvolle Herr Christiansen Vaters Erfindung war. Der dauernd drohende Verlust der Familie grub sich jedenfalls tief in Jans Herz ein und hinterließ eine schmerzliche Wunde.

Später, als Jan ein erwachsener Mann war, hatte er selbst einen kleinen Sohn, den er über alles liebte. Nichts trübte ihre Beziehung. Doch in den dunklen Nächten kamen die Schatten herangekrochen. Jan musste plötzlich aus dem Bett springen und nachsehen, ob seinem Kind nichts passiert sei. Oder in den vielen Albträumen musste Jan fürchterliche Situationen durchstehen, in denen sein Sohn in Lebensgefahr war und es an Jan lag, ihn zu retten. Schweißgebadet und erschöpft wachte Jan jedes Mal auf. Was er sich (noch nicht) klargemacht hatte, war, dass er im Traum selbst in die »Verkleidung« seines Sohnes geschlüpft war und dass er im Grunde selbst der kleine Bub war, den er immer und immer wieder retten musste. Die quälende Unsicherheit der Trennung und das Gefühl, so unwert zu sein, dass man nur »weggeworfen« werden kann, waren nicht von ihm gewichen.

Die vielen »Gesichter« des Verlassenseins

Wir haben schon erläutert, wie wichtig und prägend die frühen Beziehungen jedes Menschen und wie schwerwiegend die Folgen alter, belastender Erlebnisse sind. Vielen Menschen ist aber nicht klar, wie *viele Anlässe* es *für Traumen* gibt. Wenn man als Psychotherapeut offenkundig beschädigte Menschen nach ihren seelischen Verletzungen fragt, fällt vielen dazu nichts ein. Wer halbwegs zu essen und ein Dach über dem Kopf hatte, wer zumeist beaufsichtigt wurde und frische Wäsche zum Anziehen bekam, hat oft das Gefühl, eine glückliche Kindheit gehabt zu haben. In der Tat wird Kindern auch vermittelt, dass »ohnehin alles in Ordnung« sei und dass sie allen Grund zur Zufrieden-

»Vergessene« Traumata

heit hätten. Es war also angeblich alles »normal«. (Der Ausdruck »normal« wird meistens dann benutzt, wenn niemandem etwas Wesentliches auffiel, was aber nicht heißt, dass nicht tatsächlich schwere Bedrohungen die Entwicklung des Kindes behinderten!) Es können also einschneidende Erlebnisse, wie Todesfälle, Trennungen und dergleichen, am Anfang einer pathologischen Entwicklung gestanden haben, jedoch kann auch etwas eine fatale Wirkung hervorgerufen haben, dessen Bedeutung in keiner Weise erkannt wurde.

Es gilt mittlerweile als wissenschaftlich gesichert, dass im Leben der Eltern bindungsgestörter Kinder mit besonderer Häufigkeit ein traumatisches Ereignis wie der Verlust, Tod oder die lange psychische oder physische Abwesenheit (zum Beispiel durch schwere Krankheit) einer nahestehenden Person wie Elternteil oder Geschwister vorgefallen ist. Dabei kommt es natürlich sehr darauf an, wie viel psychische Ressourcen und Möglichkeiten die Familie hatte, mit Schmerz und Trauer umzugehen.

Die frühkindliche Psyche ist so verletzlich, dass auch häufig wechselnde Betreuungspersonen oder Krankenhausaufenthalte schlimmere Folgen haben können, als man bislang annahm. Kinder, die innerhalb der ersten drei Lebensjahre durch einen Klinikaufenthalt auch nur kurzfristig von ihrer Mutter getrennt werden, haben ein erhöhtes Risiko, eine Störung ihres Bindungsmusters zu erleiden. (Frühgeborene im Brutkasten sind dabei einer besonderen Irritation ausgesetzt und haben später oft Schäden, die von dieser Trennung herrühren.) Wenn die benötigte Zuwendung nicht verlässlich ist, ist es für das Kind *schwierig, ein grundlegendes Gefühl der Sicherheit (auch Urvertrauen genannt) zu entwickeln.* Dieser Mangel ist mit größter Wahrscheinlichkeit an der Entstehung späterer depressiver Störungen oder psychosomatischer Erkrankungen, aber natürlich auch an Verlust- oder Bindungsängsten beteiligt.

Frühkindliche Verletzungen

Traumen können aber »diskret« sein, selbst wenn sie erhebliche Folgen haben. So merkt man in der Psychotherapie regelmäßig, dass beim Aufrollen der Lebensgeschichte oft der Begriff

»Trennungsschmerz« viel zu eng gesehen wird. Es wird nämlich primär an tatsächliche, körperliche Trennung und nicht an den Verlust von lebensnotwendiger Zuwendung gedacht.

Wie zum Beispiel

- Bei der Geschichte des Kindes, das sich total zurückzog, als der kleinere und kränkliche Bruder alle Aufmerksamkeit der Familie bekam.
- Oder die Geschichte der Eltern, die zwar immer da waren (sich also von ihrem Kind nie körperlich getrennt hatten), aber anlässlich einer wirtschaftlich schwierigen Situation, die alle Energie der Erwachsenen aufbrauchte, »vergessen« hatten, dem Kind zu zeigen, dass es auch wichtig für seine Eltern sei. (Dieser Verlust der Wertschätzung fällt sehr oft niemandem als gefährlich auf.)
- Im Fall eines adoptierten Kindes, das die Tatsache, von den leiblichen Eltern zur Adoption freigegeben worden zu sein, lebenslang als »Wegwurf« bewusst oder unterbewusst deutete.
- Oder der Junge, der die Solidarität seiner Eltern schwer vermisste, da sich jene stets auf die Seite der »anderen« (Lehrer, Nachbarn, Großeltern etc.) schlugen und seinen Worten niemals Glauben schenkten, hat als Erwachsener vielleicht schwere Folgen zu erleiden.

Ich kenne viele solcher Lebensgeschichten, die angeblich glücklich waren und bei denen der (die) Betroffene erst relativ spät entdeckte, dass ein traumatisierendes Klima über viele Jahre hinweg geherrscht hatte, ohne dass es der Umgebung aufgefallen wäre. Aus Selbstschutz entwickeln die meisten Familien Rechtfertigungskonstruktionen (»es war so viel zu tun«, »wir hatten andere Sorgen«, »die Ehe war gerade in einer Krise«, »die Großmutter war eben gestorben« oder überhaupt nur »das war eben damals so ...«), die sie bei entsprechenden Fragen als Ausreden für Missstände benutzen.

Später können sich zum Urtrauma noch weitere Traumen dazugesellen, die die Verlustangst verstärken oder sie überhaupt erst durch gravierende Symptome sichtbar machen. Den wahren Ursprung der Misere haben Betroffene, wenn sie sich ihrer Verletztheit bewusst geworden sind, meistens nicht ohne professionelle Hilfe herausgefunden.

Trennungen von der Familie

Als Erstes sehen wir uns tatsächliche Trennungen an. Dabei ist es für das Trauma unwesentlich, ob sich eine *wichtige Bezugsperson entfernt* oder ob das *Kind aus irgendwelchen Gründen in Distanz gehalten wird*. Dass man in vergangenen Zeiten ganz anders mit kindlichen Trennungen umging, zeigen viele traurige Geschichten, die alle eine »Wunde des Verlustes« hinterließen:

- Frühgeborene wurden von ihren Eltern isoliert, bis sie endlich das Wunschgewicht erreicht hatten. (Dass gerade die »Frühchen« besonders viel liebevolle Zuwendung brauchen, entdeckte man erst langsam in den letzten zwanzig Jahren.)
- Kinder wurden bei ansteckenden Krankheiten völlig abgesondert und in die entsprechenden Spezialabteilungen gebracht.
- Wenn Kinder blass und kränklich waren, schickte man sie »gnadenlos« auf Erholung zu fremden Leuten und kam sich dabei noch sehr sozial vor.

Nach diesen kindlichen (aber sehr häufigen) Leidensgeschichten sind noch die unzähligen Krankenhausaufenthalte von Müttern oder Vätern zu nennen, bei denen früher die allgemeine Praxis bestand, dass Kinder unter einer bestimmten Altersgrenze die Klinik nicht betreten durften. Es ist bestürzend, wenn einem klar wird, dass Ruhe und Ordnung weitaus wichtiger waren als der Bestand der wichtigsten Beziehungen. Längere Isolation von der Hauptbezugsperson bewirkt, dass das Kind seine Kontaktsehnsucht verdrängt, weil es den Schmerz der dauernden Enttäuschung nicht aushält. Diese Resignation wird leicht verwechselt. Das Kind gilt dann als »brav« oder genügsam, es kann dem Anschein nach »sehr gut für sich sein«. In Wirklichkeit hat es sich aber aus der Erfahrung der Entbehrung heraus verschlossen. Es schützt sich vor der Verzweiflung des vergeblichen Hoffens durch einen Rückzug in seine Innenwelt.

Falls die Trennung ein Ende nimmt, dauert es eine längere Zeit, bis das Kind wieder in kleinen Schritten »auftaut«, also langsam wieder Vertrauen fasst. Manchmal ist das aber nie mehr möglich, denn die innere Sicherheit des Kindes ist tief erschüttert.

Bei Todesfällen von Bezugspersonen, also wenn Kinder Halb- oder Vollwaisen wurden, kann niemand etwas für die Trennung. Trotzdem muss auch gesagt werden, dass manche gut gemeinten »Schutzmaßnahmen« für Kinder später negative Wirkungen haben. Dazu ein kleines Beispiel:

Beispiel

Anja war die einzige Tochter eines Akademikerehepaares. Man hatte Stil zu Hause, aber man hatte nicht sehr viel Lebensfreude. Vielleicht war die schwere Krankheit des Vaters daran schuld, dass immer eine gewisse Schwere und Bedrohung in der Luft lag. Das kleine Mädchen Anja wusste natürlich nichts von der Krankheit, denn zu ihr sprach man nicht »darüber«. Eines Tages aber war der Vater nicht mehr da. Für das Begräbnis hielt man sie noch für zu klein. Also dämmerte es ihr erst nach und nach, dass der Vater wohl nicht mehr kommen wird. Anja hatte sich aber mittlerweile viele Fantasien zurechtgelegt, was mit dem Vater sei, warum er nicht da war und ob sie vielleicht selbst schuld an der unbegreiflichen Trennung wäre. Da niemand von der Realität sprach, konnten die Ahnungen über den schrecklichen Verlust auch kein wirkliches Ende nehmen. Anja trauerte als erwachsene Frau noch immer.

Scheidungskinder können in ähnliche Situationen kommen. Dazu treten aber noch als Verschärfung die vielen Streitereien, in denen zumindest von einer Seite häufig Drohungen ausgestoßen werden, dass der jeweilige Elternteil die Familie verlassen wird, »wenn sich nicht schnell alles ändert!« Es ist klar, dass die Kinder unter der *dauernden* Verlustbedrohung unendlich leiden und sich etliche Gedanken machten, ob sie zu einer Gesundung der Familienatmosphäre irgendwie beitragen könnten. Diffuse Schuldgefühle über den Bruch der Beziehung erfüllen viele Kinder noch Jahre danach. Auch wenn nicht vor den Nachkommen »Berge von Schmutzwäsche gewaschen wurden«, sind Scheidungskinder mit einer besonderen »Wunde des Verlustes« gezeichnet. Sie haben es in ihrem Erwachsenenalter erwiesenermaßen extrem schwer, voll Vertrauen an eine Beziehung zu glauben.

Wechselnde Bezugspersonen

Eine Form der *permanenten Bindungsunsicherheit entsteht durch häufig wechselnde Bezugspersonen*. Auch jetzt werden manche Kinder ständig zwischen diversen Großeltern, Tanten, Kinderkrippenbetreuern und dergleichen herumgereicht. Um keinen Schaden entstehen zu lassen, muss absolut klar sein, wer die eindeutigen Hauptbezugspersonen sind. Früher hat man Kinder aber noch viel gedankenloser Angestellten überlassen. Es gehörte in gehobenen Schichten zum guten Ton, dass die Kinder den Müttern zum Gute-Nacht-Küsschen vorgeführt wurden, aber sonst von Kinderfrauen erzogen wurden. Wenn diese aber häufig wechselten, ging das nicht ohne psychische Verletzung bei den Kindern ab:

Beispiel

Erika war ein sehr munteres, vielleicht etwas anstrengendes Kind. Ihre Mutter war daher besonders froh, sich nicht dauernd um Erika kümmern zu müssen, hatte sie doch mit ihrem Beruf und ihren gesellschaftlichen Verpflichtungen »alle Hände voll zu tun«. Die Eltern waren sehr anspruchsvoll und wollten nur »das Beste« für Erika. So kam es, dass die Kinderfrauen rasch wechselten, denn eine sprach zu sehr Dialekt, die andere achtete nicht genug auf Sauberkeit, und eine Dritte war nicht streng genug. Das alles war ziemlich bitter für Erika. Den größten Schmerz, aber auch die innigste Liebe, empfand das kleine Mädchen bei einer besonderen Kinderfrau. Sie war die Einzige, von der sich Erika wirklich – so wie sie war – angenommen fühlte. Sie erlebte, dass ihr quirliges Naturell zum ersten Mal nicht als »schlimm« abgeurteilt wurde, und war zutiefst dankbar dafür. Als der (später widerlegte) Verdacht auftauchte, dass die Kinderfrau etwas gestohlen hatte, wurde diese von einer Stunde auf die andere entlassen. Erika war zerstört … niemals mehr in all den späteren Jahren war es ihr möglich, diese tiefe Verletzung zu überwinden und eine gesunde, konstante Beziehung aufzubauen.

Ein bedrohliches Klima

Es muss nicht immer Trennung sein

In Bezug auf die Beziehungsfähigkeit eines Menschen gibt es mehr Störquellen, als viele annehmen. Beim Erheben einer psychotherapeutischen Anamnese (also der Lebensgeschichte) gibt es manchmal keinerlei Trennungen, Krankenhausaufenthalte, Todesfälle, Umzüge und dergleichen. Und trotzdem fällt auf, dass der Betroffene erhebliche Verlustängste hat. Erst nach längerer Zeit kommen kleine, unscheinbare Geschichten hoch:

- Zum Beispiel hatte der Vater eine Freundin, zu der er stets fuhr, wenn zu Hause »dicke Luft« herrschte;
- manchmal war die Mutter aber schneller und flüchtete ihrerseits zu ihren Eltern. Sie ließ die Kinder – ebenfalls ohne Ankündigung – beim Vater zu Hause;
- ein Elternteil drohte (abwechselnd) mit Auszug oder drohte dem Kind, es in ein Heim zu »stecken«, wenn es nicht braver wird.
- Manchmal gibt es auch Aussprüche wie »Ich bring mich um« oder »Ich geh ins Wasser« oder auch »Ich lass alles liegen und stehen und lauf davon«.

Trennungen waren also ständig ein Thema und wurden als Druckmittel immer wieder missbraucht.

In anderen Familien gab es nicht nur körperliches Verschwinden der Bezugspersonen oder dessen Androhung, sondern auch Abbrüche der Beziehung:

- Vater oder Mutter redeten tagelang nicht, wenn sie »sauer« waren,
- oder sie fielen in Depression und sind daher für das Kind als Hilfe und Orientierung nicht brauch- und ansprechbar.
- Auch kommt es vor, dass Eltern in ihrer vertrauten Qualität nicht erreichbar sind, da sie betrunken oder von Rauschgift verändert sind.

Alle diese Situationen werden oft erst bei näherer Betrachtung bewusst, und es wird klar, dass *das Kind keinerlei Macht hatte, die drohenden oder tatsächlichen Abbrüche zu beeinflussen.* Das macht Angst und beeinflusst alles Weitere nachhaltig.

Das Trauma der Machtlosigkeit

Das Trauma aus zweiter Hand

Oft stehen Menschen im Bann schmerzhafter Ereignisse in ihrer Ursprungsfamilie, auch wenn sie diese gar nicht selbst erlebt haben. Eine früh verstorbene Schwester der Mutter, ein im Krieg gefallener Großvater oder »schwarze Schafe« in der Familie können Menschen so nachhaltig beeinflussen, dass ihre Partnerschaften nicht gelingen, Glück und Erfolg nicht gelebt werden können.

Abgesehen von den vielen selbst erlebten Situationen, die schwere seelische Verletzungen bei den heutigen Eltern hinterließen, gibt es also auch noch solche, die sich über zwei oder mehrere Generationen auswirken: *Traumen, die als Modell weitergegeben wurden.* Man spricht dabei vom »*Second Generation Syndrom*«. Das bedeutet: Alle möglichen Ängste und Schuldgefühle sind auf die zweite Generation übertragen worden, brechen dort erst richtig durch, ohne dass die Kinder wirklich fundiert über den Ursprung ihrer Leiden Bescheid wissen. Sie haben daher manchmal das Gefühl, »grundlos« zu leiden. So kann es sein, dass sich ein Familienstil durchsetzt, in dem die Angst vor Trennung implizit immer vorhanden ist. Hier die Wurzeln zu erkennen, ist besonders schwer, da sie mittlerweile schon vielfach überfremdet wurden und darüber hinaus das Familienmuster von allen Betroffenen als absolut normal angesehen wurde. Natürlich: Jedes Kind, das bestimmte Verhaltensweisen sowohl im Elternhaus als auch bei den Großeltern erlebt, muss zwangsläufig zu dem Schluss kommen, dass »es eben so ist auf der Welt«.

Als Beispiel möge folgende kleine Fallgeschichte dienen:

Beispiel Christines Oma war zeitlebens gedrückter Stimmung. Sie hatte sehr früh ihren Vater verloren und musste miterleben, wie sich ihre Mutter abmühte, um ihre vier kleinen Schwestern und sich selbst »über die Runden zu bringen«. Die Zeit Ende des 19. Jahrhunderts war außerordentlich hart und soziale Einrichtungen für arme Witwen unbekannt.

Die wirtschaftliche und seelische Not verließ Christines Oma nie mehr. Sie verbreitete überall ein Fluidum von trauriger Schwere, wie ein verlassenes Kind. Christine sah ihre Oma niemals lachen.

Das Schicksal gewährte der Großmutter einen lieben, tüchtigen Ehemann, eine Tochter (Christines Mutter) und einen Sohn. Was das Schicksal gab, nahm es aber auch wieder: Kurz nachdem Christine auf die Welt kam, starben sowohl der geliebte Opa als auch der Onkel. Schwere Trauer und tiefer Schmerz lagen daher ständig in jener Luft, die die kleine Christine einatmete. Als schließlich auch Christines Papa durch widrige Lebensumstände »abhanden« kam, war es wohl klar: So ist der Lauf der Welt – die Männer verschwinden und lassen die trauernden Frauen zurück …

Wen wundert es da, wenn Christine auch als erwachsene Frau diese tiefe Trauer und diese Angst vor dem nächsten einschneidenden Verlust eines Mannes in sich trug? Und wen wundert es, wenn sie zwar ihren Sohn nie offensichtlich festhielt, aber trotzdem unendlich litt, als dieser einen Wohnort in einem anderen Land wählte und gewissermaßen auch verschwunden war?

In vielen dieser Geschichten, die ich als Psychotherapeutin hörte, musste ich wie eine Detektivin forschen, bis es sich zeigte, dass das Urtrauma manchmal lange vor der Geburt der oder des Betroffenen war. So gibt es Menschen, die als »Ersatz« für Verstorbene gezeugt wurden, ihre Eltern über einen Verlust hinwegtrösten sollten oder die zu Hause eine Atmosphäre des Trauerns um einen (dem Kind unbekannten) Menschen atmeten. Wenn ein kleines Kind erlebt, wie andere mit einem schweren Verlust nicht fertig werden, übernimmt es wie ein Erbe diesen Schmerz. Wenn zum Beispiel eine Mutter um ein verlorenes Kind, den Ehemann oder einen Elternteil übermäßig trauert, dann wird möglicherweise das Kind die Trauer quasi mit der Muttermilch in sich aufnehmen. Dieser Schatten wird immer wie eine schwarze Wolke über seinem Leben schweben und wirkliche Lebensfreude schwer aufkommen lassen.

»Die Leichen im Keller« — Übung

Scham und Schuldgefühle, hartnäckige Symptome, Verhaltensweisen, die die Lebensqualität beeinträchtigen, können Ausdruck für »Leichen im Keller« sein. Über diese uralten dunklen Punkte in der Familie, diese Altlasten, über die niemand spricht, sollte man sich daher unbedingt den Kopf zerbrechen.
Werfen wir daher einen Blick zurück!
Recherchieren Sie (wenn es irgendwie möglich ist) in alten Geschichten, Briefen, Fotos. Befragen Sie die noch lebenden »Zeitzeugen« über die Lebensumstände, in die Sie hineingeboren wurden. Sie werden staunen!

59

Und dann fragen Sie sich:
Was habe ich übernommen?
Möchte ich etwas zurücklassen?
Was hindert mich daran?

Schreiben Sie unbedingt alle Ihre neuen Erkenntnisse auf.

Gedankenimpuls

»Wer seine Ziele nicht kennt, verfolgt die Ziele anderer«

Ziele wirken wie ein Wegweiser. Sie geben den Entscheidungen Klarheit. Sie sagen Ihnen, in welche Richtung Sie sich bewegen sollen. Ohne klare Ziele besteht viel eher die Gefahr, dass die Richtung Ihres Lebens von den Ereignissen in Ihrer Umgebung oder von anderen Menschen bestimmt wird. Ohne Ziele reagieren viele Menschen oft nur auf das, was in ihrer Umgebung passiert, und kommen vor lauter Reagieren nicht mehr dazu nachzudenken, was sie eigentlich selbst wollen.

Wenn man sich darüber im Klaren ist, was man wirklich will, kann man viel bestimmter den eigenen Weg gehen. Man gibt dem Gehirn ein klares Bild davon, was Vorrang hat – klare Botschaften, die es benötigt, um wirksam zu funktionieren.

Gedankenimpuls

Versuchen Sie zu erkennen: Wo beleben sich alte familiäre Muster bei mir?

Abgelehnt werden

Auch ohne physische Trennung entwickeln Kinder eine gesteigerte Isolationsangst, wenn sie bei ihren Hauptbezugspersonen eine innere Ablehnung spüren. *Babys haben unglaubliche Antennen für das emotionale Klima, das sie umgibt.* Wenn die Schwangerschaft nicht gewollt war, vielleicht der Vater die Mutter verlassen hatte oder wenn das Kind ein Merkmal trägt, das seine Eltern befremdet oder abstößt, so spürt das jedes kleine Kind.

Später können die Betroffenen ihre Erlebnisse kaum in Worte fassen, da diese noch weit in der vorsprachlichen Periode lagen. In dieser ersten Lebenszeit konnten die diffusen, aber intensiven Gefühle keinen verbalen Ausdruck finden. Und da es sehr schwierig ist, nachträglich passende Worte zu finden, tappen die Betroffenen, ihre Partner und auch die Psychotherapeuten lange im Dunkeln.

Wie schlimm es ist, vergessen zu werden

Ich möchte die »Wunde des Verlustes« noch um die »*Wunde des Vergessenwerdens*« erweitern. Sie betrifft den Verlust der Aufmerksamkeit in der frühen Kinderzeit und hinterlässt unauslöschliche Narben. Bei diesen Leidensgeschichten handelt es sich zum Beispiel um schwere Krisen (etwa in der Partnerschaft der Eltern), die die Aufmerksamkeit vom Kind abziehen, bis es das Gefühl hat, »vergessen« worden zu sein. Krankheiten, Notlagen oder Kriegswirren lassen die Familie ums Überleben kämpfen, und das Kind bekommt plötzlich nicht mehr die so sehr benötigte Zuwendung. Genauso kann es sein, dass nachgeborene Kinder oder die Berufsarbeit die ganze Aufmerksamkeit der Eltern absorbieren. Und schließlich gibt es auch die Fälle, bei denen die Bezugsperson depressiv oder aus anderen Gründen geistig abwesend ist. Es erwies sich in beobachteten klinischen Fallgeschichten als ganz klar: Eine schwer depressive Mutter, die in ihrer Funktion als Bezugsperson nicht wirkungsvoll unterstützt oder (zum Beispiel vom Kindesvater) abgelöst wird, hinterlässt krank machende Verunsicherungen im Baby. Die depressive Mutter ist zwar körperlich anwesend, aber braucht all ihre Energie, um ihre seelische Krise zu überwinden. Sie ist daher für das Kleinkind emotional unerreichbar.

Als Beispiel folgende Geschichte, diesmal von Alexandra erzählt:

Eltern in Krisensituationen

»Die ungewöhnliche Selbstbezogenheit meines Vaters war wahrscheinlich einer der Gründe, warum ich eine so pathologische Angst vor Vergessenwerden habe. Er nahm mich kaum wahr. Ich habe wohlgemerkt keine Verlustangst, sondern panische Angst, durch den Rost zu fallen.

Das erlebte ich unzählige Male in meinem Leben: Wenn ich mich irgendwo ›out‹ fühle, werde ich rasend schnell depressiv.

Warum diese alte Wunde so schnell wirkt, wird mir erst jetzt nach und nach klar. Nicht nur der Vater nahm mich nämlich kaum wahr. Ich muss offenbar eine Zeit erlebt haben, in der niemand die Nerven hatte, sich um mich zu kümmern. Es war Krieg, wir mussten dauernd in den Luftschutzkeller. Zwischendurch wurde ich vor Soldatenhorden gerettet, indem ich schnell über den Gartenzaun hinweg weitergegeben wurde. Angst lag dauernd in der Luft. Irgendwann wurde mein Vater von den Nazis eingesperrt, und es war ungewiss, ob er lebend wieder herauskommen würde. Mein Onkel verstarb zudem in der russischen Gefangenschaft. Wahrscheinlich brach das auch meinem Großvater das Herz. Er starb, als ich zwei Jahre alt war, und riss ohne Zweifel eine riesige Lücke. Eine Katastrophe nach der anderen. Ich nehme an, dass zumindest meine Mutter und meine Großmutter seelisch sehr litten. Wer hatte da noch einen Rest an Gefühlen für ein Baby?«

Außenseiter-Kinder

Außenseiter gibt es und gab es immer. Die Gründe der mangelnden Integration in ihrer Gleichaltrigengruppe sind jedoch sehr vielfältig und wechseln von Zeit zu Zeit. So gibt es ethnische, soziale und politische Ursachen, aber manchmal genügt es, einfach ein bisschen »anders« zu sein. Allen Außenseitern ist gemeinsam, dass sie das Gefühl haben, die Spielregeln der anderen nicht gut genug zu kennen und daher ausgestoßen zu sein. Diese Vermutung beruht auf den Erfahrungen der Vergangenheit, entbehrt aber im Erwachsenenalter meist jeder realistischen Grundlage, es sei denn, jemand kommt gerade in einen anderen Kulturkreis und ist mit den Gebräuchen nicht vertraut. Außenseiter erleben jedenfalls sehr stark das Gefühl des Ungeborgenseins, und das bleibt leider lebenslang bestehen, wenn es nicht psychotherapeutisch bearbeitet wird. Die Auswirkungen des Verlustes oder manchmal des vollkommenen Mangels der gesellschaftlichen Akzeptanz können zweierlei sein: Entweder wird später eine überaus enge Bindung eingegangen oder der Betroffene betont seine Autonomie (»Ich brauche doch niemanden«) und nimmt Hilfe, selbst wenn er sie dringend benötigen würde, nur sehr ungern an.

Beispiel

Isolde zum Beispiel hatte sehr arme Eltern. Sie wohnten in einem baufälligen kleinen Haus am Rande eines Dorfes und lebten mehr als bescheiden. Da niemand das wahre Ausmaß der Armut wissen sollte (weil man sonst mit den Fingern auf die Familie gezeigt hätte), konnte Isolde weder eine Schulkameradin zu sich einladen, noch durfte sie jemals die Einladung einer anderen annehmen (sonst hätte man ja »gegeneinladen« müssen …). Wenn die Kinder in der Klasse von ihren gemeinsamen Spielen und Geburtstagsfesten erzählten, wurde Isolde immer stummer, und es war ihr zum Weinen zumute.

Wenn ein Kind lernt: »Über diesen dunklen Punkt in der Familie darf ich mit niemandem reden und niemand darf davon wissen!«, kann es auch allenfalls angebotene Hilfen nicht annehmen, ohne die Familienloyalität zu verletzen.

Ebenso ging es Kindern, die von früh an »anders« waren:

Beispiel

Olaf, der seit seiner Geburt einen Buckel hat, erlebte, dass er außerhalb der Familie nur angestarrt wurde. Zu Hause bemühte sich zwar Olafs Mutter aufopfernd um den verkrüppelten Jungen, aber draußen wollte niemand mit ihm reden oder spielen.

Olaf konnte das nicht verstehen … So saß er stundenlang am Fenster, beobachtete die lachenden und umherlaufenden Kinder und wusste nur, dass diese etwas haben, woran er nicht teilnehmen kann.

Die Familie von Olaf war nicht in der Lage, das zu spüren, was das Kind nicht auszudrücken vermochte: nämlich sein Leid. Es wurde als Thema totgeschwiegen und war daher ein ausgezeichneter Anwärter für einen unbemerkten Auslöser eines Verlusttraumas.

3. Neue Wunden

Wenn neue Verletzungen zugefügt werden …

Vergegenwärtigen wir uns nochmals die Situation jener Menschen, die den Abriss der Nabelschnur in einer Zeit erleben mussten, als sie noch keineswegs in der Lage waren, allein mit dieser Situation zurechtzukommen. Erschwerend war jedenfalls die Tatsache, dass es niemanden gab, der die Bedeutung des kindlichen Leides ernst nahm oder eine Hilfestellung anbot, um sich langsam mit den erschwerten Bedingungen zurechtzufinden.

Nun sind diese Menschen, die die »Wunde des Verlustes« in sich tragen, erwachsen und haben die erlittenen Umstände meist »vergessen«. Da sie stets erfahren haben, dass ihre Leidensgeschichte nicht wichtig ist, konnten sie sie ganz leicht aus ihrem Bewusstsein verbannen.

Tief im Inneren schlummert also eine Schwachstelle, die den Betroffenen selbst nicht klar ist.
Und nun kommen auf die Erwachsenen neue Herausforderungen zum Thema »Trennung« zu.
Was passiert da?

Wenn eine alte, kaum verheilte Wunde einen übermäßig starken »Schlag des Schicksals« erfährt, kann die dünne Haut darüber nicht standhalten, und sie platzt wieder auf. Gemeint sind damit der *Tod*, aber auch *endgültige Trennungen* von den engsten Familienangehörigen.

Tod eines nahestehenden Menschen

Der Tod eines geliebten Menschen gehört zu den schmerzlichsten Verlusten im Leben. Seine Endgültigkeit reicht oft an die Grenze des menschlichen Fassungsvermögens. Deshalb bleiben die Hinterbliebenen oft »fassungslos« zurück und sind in ihren Grundfesten »erschüttert«.

Einer der ärgsten seelischen Schmerzen ist jener, den eine Mutter erleidet, wenn sie ihr Kind verliert. Dazu kommt noch eine schwer erträgliche Isolation, die oft die »verwaiste« Mutter trifft.

Tod eines Kindes

Ein spezieller Fall sind *Abtreibungen*. Sie führen manchmal zu psychischen Engpässen, die selten von den Betroffenen zum Thema gemacht werden, weil ihnen noch immer ein Makel anhaftet. Frauen sprechen nur unter besonders geschützten Bedingungen (wie etwa in der Psychotherapie) über ihre inneren Konflikte und körperlichen Schmerzen.

Fast ebenso wenig Verständnis bekommt eine Mutter bei einer *Fehlgeburt*: Ein werdendes Kind verlässt vorzeitig und nicht lebensfähig den Leib der Mutter. Die »Idee dieses Kindes«, der spezielle genetische Plan, stirbt mit.

Auch wenn der Schmerz noch so groß ist, wird den Frauen wenig Recht zugebilligt, über ihre Gefühle zu sprechen, zu weinen. Man erwartet, dass sie nahezu fugenlos wieder in den Alltag einsteigen und »funktionieren«.

Und doch wäre Trauer, wie wir später sehen werden, so wichtig für das Verarbeiten des Verlustes.

Nicht viel besser ergeht es Müttern, deren Kind bei *Geburtskomplikationen* oder durch schwere *Defekte* bald nach der Geburt verstirbt. Die meisten bekommen massenweise unpassende Ratschläge, zum Beispiel, sich eben bald ein »neues Kind anzuschaffen«. Selbst gegen den Widerstand von manchen, die Probleme haben, sich mit dem Thema Tod auseinanderzusetzen, sollte über den Verlust geredet werden. Auf keinen Fall sollten sich Trauernde längere Zeit zurückziehen, da sie dadurch noch mehr in die Isolation geraten. Und vor allem: Eltern, die eben ein Kind verloren haben, sollten sich nicht sofort ein neues Baby anschaffen. Es passiert nur allzu leicht, dass dieses Kind entweder unverhältnismäßig verwöhnt wird oder sich ein ganzes Leben lang als »Notnagel« fühlt und schwere Schäden an seinem Selbstwertgefühl davonträgt. Nach einer angemessenen Trauerzeit und wenn sich der Körper der Mutter einigermaßen erholt hat, ist noch immer Zeit dazu!

Noch einschneidender ist der Tod eines Kindes, mit dem man schon ein Stück des Weges gemeinsam gegangen ist.

»Der Tod ist kein Unglück für den, der stirbt, sondern für den, der überlebt«, sagte angeblich Karl Marx nach dem Tod seines achtjährigen Sohnes. Er schrieb später in einem Brief, dass das Ableben seines Kindes sein Herz und Hirn so tief erschütterte, dass er den Verlust noch so frisch wie am ersten Tag erlebte. In der Tat ist der endgültige Verlust von geliebten Kindern einer der grausamsten Einschnitte im Leben der Eltern. Ein tiefes Loch wird in ihren Herzen aufgerissen. Viele glauben, dass sie nie mehr ein Kind so lieben könnten wie das nun vermisste, und die Vorstellung, ein anderes könnte diesen Platz einnehmen, erscheint vielen anfänglich undenkbar.

Unfälle, schwere Krankheiten, Selbstmord, aber auch Gewalt beenden manchmal das Leben eines Kindes, zu dem man bereits eine tiefe Beziehung aufgebaut hat. Viele Hinterbliebene haben das Gefühl, *ein Stück des eigenen Selbst verloren* zu haben: Sie sind nur noch ein halber Mensch oder erleben sich als mitgestorben. Besonders Mütter, die sich bekanntlich auch körperlich mit ihren Nachkommen ewig verbunden fühlen, sind in ihrem Sein zu Tode getroffen. Aber doch gibt es noch eine Steigerung der Pein: Wenn der Jugendliche Selbstmord verübte, ist es für die Menschen seiner Umgebung nicht einmal mehr möglich, auf das Schicksal, auf Gott oder die Ärzte zu schimpfen und somit ein Stück des Schmerzes hinauszuschreien. Das eigene Kind hat seinem Leben selbst ein Ende bereitet – was kann da noch von den quälenden Schuldgefühlen befreien?

Etwas in einem stirbt mit, wenn Menschen durch tragische Umstände, die die Familie auseinanderreißen, aus dem gemeinsamen Leben verschwinden.

Eine der schlimmsten Situationen im Leben einer Mutter ist jene, wenn ihre *Kinder spurlos verschwinden*. In manchen Ländern dieser Welt passiert es täglich, dass Kinder durch Kriegswirren von ihren Familien getrennt werden und nicht auffindbar sind. Wir kennen alle aus den Medien und den Kriegsberichterstattungen die leeren, psychisch zerstörten Gesichter der Frauen, die keine Nachricht über ihre Kinder haben. Sie fühlen sich von einem Tag auf den anderen innerlich gestorben und sind manchmal nicht einmal mehr imstande zu weinen. *Verschwundene Kinder*

In einer ähnlichen Lage sind Mütter, die durch die gewissenlose Rache ihrer Partner ihrer Kinder »beraubt« werden. Leider gibt es Männer auf dieser Welt, die ihre Partnerschaftskonflikte nur durch blindwütige Aktionen »lösen« können, indem sie die Kinder entführen und auf Nimmerwiedersehen verschwinden.

Meist bleibt den betroffenen Frauen als Trost nur die Vorstellung, dass die unsichtbare Nabelschnur nicht wirklich reißen kann – es gibt immer noch einen »Energiefaden«, der Mütter mit ihren Kindern verbindet! Und zwar immer und ewig!

Auch Trennungen auf Zeit belasten die »Wunde des Verlustes«

Beginnen wir bei etwas Alltäglichem: mit der Traurigkeit mancher Mütter nach einer normalen *Geburt*. *Erste Trennung*

Auch sie mussten sich von dem kleinen Bewohner ihres Bauches gewissermaßen verabschieden. Nicht nur der rapide Abfall des Hormonspiegels, sondern auch die geänderten Umstände machen etliche Frauen mehr oder weniger depressiv. Ihr Kind hat ihnen neun Monate lang eine Daseinsberechtigung und ein Recht auf Leben gegeben. Jetzt glauben sie, beides zu verlieren. Manche Mütter fühlen sich daher nach der Geburt nicht wie vorher, sondern schlechter. Jetzt sind sie allein und leer. Viele der Geburtskomplikationen und der nachgeburtlichen Depressionen fußen auf der Tatsache dieses Verlustes.

Manchmal gibt es aber noch *zusätzliche Komplikationen*: Das Baby ist entweder zu klein oder hat ein gravierendes körperliches Problem und der Arzt entschließt sich, das Kind in eine Spezialabteilung zu schicken.

Mütter, deren Babys nach der Geburt im Brutkasten oder einer spezialisierten Einrichtung einer Kinderklinik – manchmal weit entfernt vom Wohnort – »verschwinden«, gehen durch alle Höllen dieser Erde, und niemand betreut sie seelisch. Alle erwarten, dass sie sich tapfer verhalten, ihre ganze (wenige) Kraft für das Baby einsetzen und nicht jammern. Väter sind meist noch hilfloser. Seit einigen Jahren haben etliche Spitäler diesem Missstand Rechnung getragen und beziehen die Eltern aktiv in die Pflege von Frühgeborenen und kranken Kindern ein. Das ist ein absolut lobenswerter Umstand.

Nun zu einigen Belastungen der »Nabelschnur-Beziehung«, die zwar nicht ganz so traumatisierend sein müssen wie die zuvor geschilderten, aber dennoch häufig zu einem seelischen Einbruch führen.

Vor allem sind sie so häufig, dass sie bereits als »normal« angesehen werden. Das hat zur Folge, dass den Umständen manchmal zu wenig Aufmerksamkeit geschenkt wird (nach dem Motto »Es wird sich schon irgendwie einrenken …«).

Scheidung   *Scheidungen* gehören zu unserem Alltag. Jeden Tag müssen sich Kinder ungewollt vom täglichen Leben mit einem Elternteil verabschieden und umgekehrt. Manche Familien schaffen zwar ein Arrangement, das sich mit der Zeit als praktikabel für alle Beteiligten herausstellt, aber es gibt immer wieder die Situation der absoluten Beziehungsabbrüche – teils, weil die Wohnorte der geschiedenen Elternteile so weit voneinander entfernt sind, teils, weil die Eltern voneinander nichts mehr hören wollen. Die Praxis zeigte, dass Väter sich meistens schneller mit dem Verlust ihrer Kinder abfinden, trifft es aber Mütter, bedeutet eine derartige Trennung oft eine Katastrophe.

Trennung durch Krankheit   Relativ häufig kommt es auch vor, dass schwere *Krankheiten* eine Trennung notwendig machen.

Manchmal sind Kinder in einem lebensbedrohlichen Zustand, haben schwierige Operationen oder müssen ständig ärztlich überwacht werden. Auch wenn es heute öfter möglich ist als früher, das Kind zu besuchen, so gibt es trotzdem viele schmerzliche und einsame Nächte auf beiden Seiten zu überstehen. Besonders kleine Kinder sind zudem häufig auf ihre Eltern böse, die sie offensichtlich verlassen haben und sie in die Hände der »feindlichen« Ärzte übergaben. Eltern verstehen zwar diese Vorwürfe der Kinder, kränken sich aber trotzdem manchmal darüber, weil ein Teil ihres Seelenlebens nicht in der Lage ist, reif (und dadurch auch hilfreich für die Kinder) zu reagieren.

Aber auch Alleinerziehende müssen sich manchmal einer langwierigen medizinischen Behandlung unterziehen und sind für ihre Kinder nicht greifbar. Wenn sich keine andere Bezugsperson für eine konsequente Betreuung findet, müssen die Sprösslinge zumindest zeitweise in ein Heim. Auch wenn sich die Erzieher dort besonders bemühen – die verpflanzten Kinder sind stets schwer irritiert und in der Entwicklung eines Grundvertrauens zwangsläufig gestört.

Erwachsene Weggefährten »biegen ab«

Es gibt aber auch eine Reihe von Auslösern des alten Wundschmerzes für beide Geschlechter. Wenn auch Männer ihr Leid anders ausdrücken als Frauen, so ist ihre Verzweiflung bei neuerlichen Verlusten um nichts kleiner. *Trennungen* sind selten angenehm, aber für Verlustängstliche sind sie fatal. Die unseligsten Tricks werden angewendet, um sie zu vermeiden. Selbst der *Abschied*, auf den sich alle Menschen zumeist vorbereiten können, nämlich jener *von den alten Eltern*, nimmt ungeahnte Dimensionen der Angst an. Wie zum Beispiel bei Helga:

Helga hat früh ihren Vater verloren. Was war das aber gegenüber der »Tragik«, die ihre Mutter zur Schau stellte. Helgas Mutter schaffte es zeitlebens nicht, einen Neuanfang ihrer Lebenspla-

Beispiel

nung zu starten. Nun klammerte sie sich an Helga und deren Mann und fand es selbstverständlich, immer zu dritt (Mutter, Tochter und Schwiegersohn) in den Urlaub zu fahren. Man könnte fast sagen, dass Helga eine Art Mutterrolle für ihre eigene Mutter übernehmen musste. Offenbar war die Abhängigkeit voneinander aber beidseitig, denn Helga rief früh, mittags und abends bei ihrer Mutter an, um sich zu vergewissern, dass alles in Ordnung sei. Bei den kleinsten Unpässlichkeiten der Mutter fuhr Helga mit ihr zum Arzt. Das Leben der Mutter musste unter allen Umständen so lange wie möglich erhalten werden.

Wenn die Mutter einmal aus irgendwelchen Gründen das Telefon nicht abhob (weil sie vielleicht gerade auf der Toilette war), geriet Helga in Panik. »Es wird doch nichts passiert sein?« Nicht selten verließ Helga Hals über Kopf ihren Arbeitsplatz und fuhr mit dem Taxi zur Mutter, um nachzusehen.

Einen weiteren Verlust eines Elternteiles glaubte sie nicht ertragen zu können.

Tod von Haustieren Neben diesen Auslösern von Verlustkrisen gibt es aber noch viele andere, die so häufig sind, dass sie jeder in seiner unmittelbaren Umgebung beobachten kann. Der *Tod von Haustieren*, der bekannterweise durch die relativ kurze Lebenszeit vieler Tiere oft passieren kann, stürzt jene mit einer Verlustangstdisposition immer wieder in ärgste Seelenzustände. Aber auch *wenn Sachen abhandenkommen*, können sich Abgründe auftun. Es ist für Außenstehende kaum zu glauben, aber der plötzliche Verlust von materiellen Werten aktualisiert alte Verlusterlebnisse und überrollt die Betroffenen in einer Intensität, die sie selbst nie für möglich hielten. Besonders geschieht das, wenn etwas einen so wichtigen Stellenwert im Leben bekam, dass es zum Liebes- und Lebensinhalt wurde.

So zum Beispiel wie bei Erwin, der in eine fürchterliche Krise **Beispiele** · rutschte, als er den Konkurs seines Lebenswerkes, seiner Firma, anmelden musste.

Marion hatte eine »Insel«, auf die sie sich jederzeit zurückziehen konnte, wenn ihr das »Leben« einfach zu viel wurde: ihre Wohnung. Als während ihrer Abwesenheit durch einen Kabelbrand ihre Behausung nahezu zerstört wurde, war sie nicht nur deprimiert und kam in einen gewaltigen finanziellen Engpass, sondern sie musste auch in psychotherapeutische Behandlung. Der Zwangsgedanke, dass alles, was ihr lieb war, ihr vom Schicksal stets genommen wurde und wird, ließ sie nicht mehr los.

1. Wenn alte Narben aufbrechen

Wie kann es eigentlich zum Aufbrechen alter seelischer Narben kommen?

Nun – jeder Mensch (auch der seelisch vollkommen Gesunde) hat so etwas wie eine innere »Suchmaschine«. Wenn man irgendetwas erlebt, kommt diese Suchmaschine in Gang und fährt alle möglichen bewussten, aber auch die unterbewussten Situationen der Vergangenheit ab und versucht Erfahrungen und ähnliche Erlebnisse aufzufinden, um sich daran zu orientieren. Unbewusst hofft man, dass man bereits einmal eine vergleichbare Aufgabe erfolgreich gelöst hat oder dass einem zumindest ein passendes Verhaltensmuster von einem Menschen, auf den man hört, vermittelt wurde. Wenn nichts dergleichen im Gedächtnisspeicher zu finden ist, weiß man, dass man sich in einer völlig neuen Situation befindet.

Versuche der Problemlösung

Viele versuchen nun möglichst genau mit allen Sinnen wahrzunehmen, wie zum Beispiel andere Menschen in dieser Lage handeln, um sich an deren Vorbild zu orientieren. Andere gehen total intuitiv »aus dem Bauch heraus« vor, etliche versuchen die Lage zu analysieren und einen Schluss daraus zu ziehen, wie sie sich verhalten sollen. Und wieder andere »stecken den Kopf in den Sand«.

Hat aber die seelische »Suchmaschine« etwas gefunden, das sie zu kennen glaubt, werden die *alten Erfahrungen zur Problemlösung* herangezogen. Das ist im Prinzip sehr sinnvoll, da alles bisher Erlernte einen meist schnell und zielsicher handeln lässt. Es werden aber nicht nur logische Strategien aufgerufen, sondern auch Gefühle. *Das bedeutet: Menschen, die durch irgendwelche Umstände in eine bestimmte Gefühlslage kommen, schließen sich durch die »Suchmaschine« mit ähnlichen Gefühlen der Vergangenheit kurz.* Der Besitzer eines Innenlebens mit vielen dunkel gefärbten Szenen wird blitzartig in eine Emotion kommen, die aus Angst, Wut oder Panik und Ähnlichem besteht (selbst wenn das im Moment gar nicht passend und schlüssig erscheint). Daher gibt es im zwischenmenschlichen Kontakt so unendlich viele Missverständnisse: Gefühle kommen hoch, aber die dazugehörige Erklärung bleibt aus – entweder weil der Betroffene selbst nicht weiß, wie ihm geschieht, oder er nicht in der Lage ist, sich verständlich mitzuteilen. Aber diese Gefühle muten manchmal sonderbar, fast fremdartig an, und die menschliche Umgebung ist überfordert und irritiert.

Carola kam aus desolaten Verhältnissen. Ihr Vater, ein Alkoholiker, verabschiedete sich schon bald nach ihrer Geburt, und ihre Mutter, eine Prostituierte, sah sich außerstande, das kleine Mädchen aufzuziehen. Carola kam zu Pflegeeltern, die sie stets spüren ließen, dass sie ein »weggegebenes« Kind sei. Carola machte ihren Weg. Sie erlernte einen Beruf, wusste ihren Ehemann durch Eifersuchtsszenen »an die Leine zu legen« und schaffte sich einen treu ergebenen Hund an, den sie ausschließlich auf sich trainierte. Als dieser Hund, der Carola offenbar der wichtigste »Anker« im Leben war, starb, brach eine so tiefe Verzweiflung aus ihr heraus, dass sie vollkommen lahmgelegt war. Sie brauchte eine ungewöhnlich lange Zeit, um nur einigermaßen wieder arbeitsfähig zu werden.

Die Angst, die aus der Wunde des Verlustes entstand, macht zudem übervorsichtig. Sie stellt die »Suchmaschine« so ein, dass das individuelle Warnsystem extrem früh ausgelöst wird. Es kommt zu einer *Überreaktion*, das bedeutet: zu einer Reaktion, die in ihrer Intensität nicht zum momentanen Anlass passt.

Selbst die Betroffenen, aber natürlich besonders die mitmenschliche Umgebung empfinden das »Getöse« des Warnsystems übertrieben und manchmal nicht nachvollziehbar. Sie haben auch das Gefühl, dass in der Überreaktion eine Menge alter Frustrationen mit heraufgeschwemmt wurden.

Das Innenleben kann dabei ganz Unterschiedliches herausbefördern:

- Seelische Schmerzen beim Aufbrechen der alten Wunde
- Schock
- Verzweiflung
- Ängste
- Depression
- Das Gefühl der Ungeborgenheit
- Einen Einbruch des Selbstvertrauens
- Wut
- Abwehr gegenüber allen Menschen
- Klammern
- Eifersucht
- Und eine Vielfalt von Schwierigkeiten im Umgang mit der Umwelt, die aus dem Vergangenen resultieren und die wir uns im Kapitel über die Opfer und Täter näher anschauen werden.

Die alte Schwachstelle, das *schlecht verheilte seelische Narbengewebe, bricht wieder auf.*

Sehen wir uns die *Gefühle, die im einzelnen Betroffenen dabei hochkommen,* genauer an.

Menschen mit Verlustangst reagieren oft anders

Seelische Wunden aus der Vergangenheit wirken sich im ganzen Leben der Betroffenen aus. In zwei Konstellationen treten die Schatten der früheren Zeiten besonders deutlich zutage.

Der erste Fall tritt ein, *wenn es Krisen und Veränderungen gibt, die die ganze Kraft für eine Neuanpassung benötigen* (das kann sowohl im Beruf wie auch im privaten Rahmen sein). Wenn also die gewohnten Muster nicht mehr taugen, weil neue erforderlich sind, gibt es immer ein gewisses Maß an Irritation. Sehr rigide Menschen kommen dabei natürlich in schwerere Krisen als solche, die von Haus aus flexibel sind. Besondere Klippen im Leben jeder Person sind Schuleintritte, Berufswechsel, Umzüge, neue Partnerschaften, hormonelle Umstellungen (wie zum Beispiel in den Wechseljahren), Kündigungen, Pensionierungen, die Geburt eines Kindes und jede Form von Verlust. Menschen mit Verlustangst haben zu wenige Muster für die Verarbeitung des Schmerzes und für eine Neuanpassung. Daher stürzt es die Betroffenen in einen Strudel der Hilflosigkeit.

Verlustangst in Krisensituationen

Die zweite Lebenssituation, in der alte Wunden sehr leicht aufbrechen, ist ganz allgemein *Erschöpfung*. Wer eine längere Zeit der körperlichen und/oder geistigen Überbeanspruchung hinter sich hat, weiß, wie schnell man in einen Erschöpfungszustand (bis zum gefürchteten Burn-out-Syndrom, dem innerlichen Ausgebranntsein) gleitet. Die Kräfte für die Bewältigung des Alltags sind aufgebraucht. Die Schatten der Vergangenheit, die normalerweise mit viel Energie in den Seelenuntergrund gedrückt werden, haben nun ein leichtes Spiel. Sie können ziemlich ungehindert an die Oberfläche und ins Bewusstsein dringen. Die Erschöpften können es meist gar nicht fassen, wie sich zu ihrer Kraftlosigkeit plötzlich ungeahnte Ängste, Zwänge oder Depressionen gesellen. Diese Zustände rund um das Ausgelaugtsein sind häufig auch bei sonst seelisch relativ robusten Menschen zu beobachten. Zutage kommen also die individuellen Schwachstellen, die jeder Mensch in sich hat. Es kann daher nicht verwundern, wie heftig Menschen mit alten Beziehungsverletzungen oft reagieren.

Verlustangst in Erschöpfungssituationen

Gleichgültig, ob die Verzweiflung über einen Verlust auf Außenstehende berechtigt oder unberechtigt wirkt – sie ist für den Menschen, der die »Wunde des Verlustes« in sich trägt, immer echt, tief und schmerzlich. Dass die Betroffenen allerdings starr in ihrer Verzweiflung verharren, ist für die beobachtende Umwelt zumeist unverständlich. Gemessen an gesunden Verarbeitungsweisen nennen wir das Im-Schmerz-Verbleiben »Überreaktion«.

Wir müssen dabei unterscheiden:

- Es gibt hysterische (neuerdings auch »histrionisch« genannte) Verhaltensweisen. Diese sind an ein »Publikum« gerichtet und haben den Zweck, »Eindruck zu schinden«, also Zuwendung oder Aufmerksamkeit zu erzwingen.
- Und es gibt echte Verzweiflung. Menschen mit Verlustangst können auch ganz allein für sich leiden. Wenn sie sich an einen anderen wenden und versuchen, ihn mit aller Macht an sich zu binden, dann, um die Leere in sich nicht spüren zu müssen.

Bowlby zeigt in seinem Buch »Verlust, Trauer und Depression« die verschiedenen Phasen der gesunden und normalen Reaktion auf Trennung auf. Er nennt dabei vier Stadien:

1. Betäubung
2. Sehnsucht und Protest
3. Desorganisation und Verzweiflung
4. Reorganisation.

Menschen mit Verlustangst kommen nie an den Endpunkt der Verarbeitung, sondern sie verharren im Schock, seelischen Wundschmerz, in der Verzweiflung und Depression – also in einer Überreaktion.

Der Schock verändert die Realität

Sobald der schreckliche unerwartete neue Verlust oder das Aufbrechen der alten Wunde eintritt, wird plötzlich alles anders. Manche Betroffene fühlen sich in einer Art Schock wie betäubt, oder sie empfinden sich ganz weit weg vom Geschehen. Manchmal gibt es Schuldzuweisungen in alle Richtungen.

Nachdem in der Ausnahmesituation die Betroffenen bisweilen nicht mehr die Realität sehen können und sich wahnhafte Ideen einschleichen, wäre es sehr hilfreich, wenn Freunde und Verwandte als Stütze und Orientierung zur Verfügung stehen könnten. Sie sind »notwendig«, das heißt, dass sie tatsächlich in der Lage sein sollten, durch ihre Einfühlsamkeit die Not zu wenden.

Wenn die typischen Schockreaktionen deutlich länger als einen Monat anhalten, spricht man von einer *posttraumatischen Belastungsreaktion*. Man erkennt dieses festgefahrene und ver-selbstständigte Erscheinungsbild an folgenden Symptomen:

- Ständig tauchen Erinnerungen und innere Bilder auf, die an das Geschehen erinnern.
- Man hat das Gefühl, das traumatische Ereignis immer und immer wieder zu erleben.
- Unbedeutend scheinende Details, die an das Trauma erinnern, lösen extreme seelische und körperliche Reaktionen aus (wie zum Beispiel Panik).
- Situationen, Orte und Tätigkeiten, die mit dem Verlust, der Katastrophe in Verbindung stehen, werden gemieden. So wird zum Beispiel das Zimmer nicht mehr betreten, in dem das verlorene Kind schlief.
- Die Stimmungslage ist entweder gleichgültig bis betäubt oder auch reizbar und unruhig.

Typische Schock-reaktionen

Wenn sich die posttraumatische Belastungsreaktion bereits »ein-genistet« hat, kann meist nur ein professioneller Helfer (Psychologe, Psychotherapeut oder Sozialarbeiter, der Erfahrung im Umgang mit Krisen hat) eine Verbesserung bringen. Die nun angewandte Strategie besteht meist aus vier Punkten: reden, sich der Wirklichkeit stellen, Gefühle ausdrücken, Abschied nehmen. (Davon aber später mehr.)

Verzweiflung oder Depression?

Sehen wir uns zunächst den Begriff der Verzweiflung an. Verzweiflung wird als die *äußerste Grenze der inneren Not* verstanden, die ein Mensch ertragen (oder auch manchmal nicht mehr ertragen) kann. Hinter ihr stehen das Nichts, der Abgrund und bisweilen die Selbstaufgabe.

Man kann sie als völliges Defizit an Lösungsmöglichkeiten aus einer Notlage ansehen, begleitet von überaus bedrohlichen Selbstabwertungen, Selbstzweifeln und Schuldgefühlen. Der Verzweifelte spürt in der Tat kaum eine Existenzberechtigung mehr für sich.

Neben der immer wiederkehrenden und nach dem neuerlichen Verlust akuten Verzweiflung bewegen sich viele Menschen mit der »Wunde des Verlustes« häufig am Rande einer Depression.

Niedergeschlagenheit, Erschöpfung, zu nichts Lust haben und sich zurückziehen wollen gehören manchmal auch zum ganz normalen, gesunden Leben.

Ab wann kann man nun von Depression sprechen? Wann sollte man sich nicht nur Sorgen machen, sondern um professionelle Hilfe nachsuchen?

Wenn der Zustand der gedrückten Stimmung oder Gereiztheit länger als zwei Wochen andauert, ist es ratsam, sich an Ärzte oder Psychologen zu wenden.

Einige markante Symptome sind außer den genannten:

Zeichen der Depression

- außergewöhnliche Gewichtsveränderungen
- Appetitverlust
- Schlafstörungen
- sexuelle Unlust
- dauerndes Gefühl der Kraftlosigkeit und Verlust von Lebensfreude
- wiederholte Aussagen über Gefühle, nicht gebraucht zu werden, verzweifelt, minderwertig oder schuldig zu sein
- Weinkrämpfe

- allgemeine Unzufriedenheit
- manchmal ein extremes Bedürfnis, sich durch dauernde Aktivitäten zu betäuben
- Klagen über körperlichen Störungen und Schmerzen, für die es aber keine medizinische Erklärung gibt
- alle Formen von Suchtverhalten (Drogen, Alkohol etc.)
- eine allgemeine Bewegungshemmung, aber in manchen Fällen auch eine ungewöhnliche Rastlosigkeit
- Konzentrationsschwierigkeiten, Unfähigkeit, Entscheidungen zu treffen, und Gedächtnislücken
- und schließlich Äußerungen über einen möglichen Selbstmord.

Alle aufgelisteten Symptome sind bei einer Depression und einem schweren Trauerprozess ähnlich (beziehungsweise bei beiden können sie einzeln oder in Kombination auftreten). Nun gibt es aber doch einen Unterschied zwischen der Trauer, die zu einem Verlusterlebnis normalerweise dazugehört, und der krankheitswertigen Depression. *Der Depressive erlebt in sich eine Leere, die damit zusammenhängt, dass viele Gefühle (besonders die Aggression) zurückgedrängt werden.* Der Trauernde aber hat die Gefühllosigkeit, die sich oft wie eine psychische Anästhesie anfühlt, nur in der ersten Zeit nach dem Verlust, dann stellt sich sehr bald eine Anhäufung vieler, sich teils widersprechender, Gefühle ein. Aber vor allem der Inhalt der Gedanken ist ein anderer: Der Depressive wertet sich selbst und die Umwelt ab und sucht nach Schuldigen, die Gedanken des Trauernden hingegen kreisen um den verlorenen Menschen.

Angst und Wut »fressen die Liebe auf«

Alle, die einen Verlust nicht verschmerzt haben, *hüten sich meist in einer verstärkten Form vor Konflikten.* Sie wollen (meist) bestehende Beziehungen nicht durch ihre Aggressionen gefährden, weil sie bei einer Trennung die Hauptleidtragenden sind. Die Tragik dieser Entwicklung liegt darin, dass die Angst »die

Liebe auffrisst«. *Man kann einen anderen nicht wirklich lieben, wenn man glaubt, für die Sicherheit der Beziehung zu viele Opfer bringen zu müssen.* Aber was passiert, wenn man dauernd »schluckt« und Konflikten aus dem Weg geht? Unvermeidlicherweise stauen sich Hassgefühle auf. Das bringt aber zusätzliche Probleme, denn die widrigen Gefühle provozieren eine Trennung, sobald sie sich einen Durchbruch verschaffen. Aus einem kleinen Unbehagen wird Wut, die aber nicht heraus darf. Je mehr Wut zusammenkommt, desto größer wird die zerstörerische Energie, die in dem Betroffenen ihr Unwesen treibt. Sie kann sich in vielfältiger Weise ausdrücken, aber alle diese Arten sind äußerst negativ. Gewaltausbrüche wären vergleichsweise noch »gesund«, aber die Wut von Verlustängstlichen, die sich nicht entladen darf, richtet sich oft und unweigerlich gegen sich selbst. Manchmal schlägt die Wut von einem Augenblick auf den anderen in Angst um und wird von beklemmendem Herzrasen begleitet. Viele der *Herzphobien* haben in dieser Konstellation ihren Ursprung: Der tödliche letzte Herzschlag wird gefürchtet und gleichzeitig erwartet.

Ungeborgenheit und mangelndes Selbstvertrauen

Eine konstante, einfühlsame Beziehung ist die Hauptvoraussetzung, damit ein Kind langsam die Basis seiner Persönlichkeit aufbauen kann. Es lernt Vertrauen zu sich selbst, zu einem »Du« oder einem »Wir« und schließlich Vertrauen in die Welt. Ein Mensch, der die Chance hatte, dieses Urvertrauen aufzubauen, kennt die Gefühle »Ich bin wert, geliebt zu werden, und fühle mich geborgen!«, »Ich vertraue dir, fühle mich verstanden und angenommen!« und »Es lohnt sich zu leben!« Wir haben es somit unter anderem mit den so wichtigen Fähigkeiten eines soliden Selbstwertgefühls zu tun, mit der Bejahung einer Partnerschaft und der Fähigkeit, Enttäuschungen verkraften zu können.

Frühe und auch spätere Verluste sind jedoch eine schwere Störung dieser Entwicklung. Und war der Aufbau der nötigen Grundlagen des Selbstvertrauens unterbrochen oder nicht vorhanden, müht man sich mit Zweifeln an sich selbst und an der Zuverlässigkeit der anderen ab. Der oder die Betroffene kennt folgende innere Sätze sehr gut: »Ich bin nicht wert, geliebt zu werden!«, »Niemand versteht mich!«, »Ich kann keinem trauen!« und »Es hat alles keinen Sinn!« Diese Überzeugungen sind der Ausdruck *tiefer Minderwertigkeitsgefühle, einer Liebesunfähigkeit, Existenzangst, Hoffnungslosigkeit und Verzweiflung.*

Nun gibt es selbstverständlich, wie bei allen menschlichen Verhaltensweisen, unzählige Zwischenschattierungen. Wenige Menschen haben ein rundherum gesundes Selbstwertgefühl und grenzenloses Vertrauen, genauso wie es wenige gibt, die ständig von quälenden Zweifeln an sich und der Welt gepeinigt werden. Es gibt aber relativ viele, deren Vertrauen bei gewissen auftretenden Schwierigkeiten blitzschnell auf ein Minimum schrumpft und die sich, aus der momentanen Situation nicht schlüssig begründbar, sofort infrage gestellt fühlen.

Über Macht und Ohnmacht durch die Verlustangst

Menschen, die unter Verlustangst leiden, tun alles, um nicht wieder verlassen zu werden. Die Wahl der Mittel ist individuell verschieden: Manche sind überaus fürsorglich und vermitteln sowohl dem Partner als auch Kindern, dass es nirgends so gut ist wie hier. Andere verwöhnen ihre Partner durch ihre sexuelle Dienstbarkeit. (Er oder sie soll keinen kongenialeren Mitspieler seiner/ihrer Wünsche auf dieser Erde finden.) Wieder andere sind schwach und kränklich und appellieren an die Beschützerinstinkte der nächsten Umgebung. Ohne schlechtes Gewissen soll sich niemand entfernen können.

Ungleiche Verteilung der Macht

Welche Strategien auch bewusst und unterbewusst eingesetzt werden, sie haben alle eines gemeinsam: Sie sind asymmetrisch, *die Macht ist nicht gleich verteilt.*

Der Soziologe Max Weber definiert Macht so: »Macht bedeutet jede Chance, innerhalb einer sozialen Beziehung den eigenen Willen auch gegen Widerstreben durchzusetzen, gleichviel, worauf diese Chance beruht.«

Die systemische Sichtweise geht aber darüber hinaus und betrachtet Macht als eine wechselweise Beziehungsform. Um die jeweilige Situation zu beschreiben, muss man sich die Frage stellen, wer im Moment entscheidet. Dabei stellt sich heraus, dass der vordergründig Schwache nicht zwangsläufig das Opfer und der vermeintlich Starke der Täter ist (anders gesagt: jener, der in dieser Situation die Macht ausübt). *So wie die Demonstration der Ohnmacht oft die eigene Macht verdeckt, so verschleiert oft das Herausstreichen der Macht die eigene Ohnmacht.*

Beispiel Evelyn war in der entscheidenden Zeit ihrer frühen Kindheit sehr allein. Als sie drei Jahre alt war, starb die Mutter. Über dem nun ausgebrochenen Chaos bemerkte niemand, dass die kleine Evelyn vom Onkel, der sich als Babysitter angeboten hatte, sexuell missbraucht wurde.

Evelyn war also Opfer im doppelten Sinn. Nun, als erwachsene Frau, versteht sie es ganz gut, ihre Opferrolle so einzusetzen, dass sie ihr auch Vorteile bringt. Sie ist sich sicher, dass ihr als »Opfer« ständig Schonung zusteht, und kommandiert ihre Umgebung nach allen Regeln der Kunst.

Sehr oft nehmen wir die Macht der Gegenseite wahr. Wir verleugnen sie bei uns und projizieren sie auf ein Gegenüber. Macht und Ohnmacht sind jedoch zwei Seiten derselben Medaille. »Machtgefühl wäre ohne ein gleichzeitig im Hintergrund erlebtes Ohnmachtgefühl gar nicht fühlbar« (Moeller). Der autoritäre Mensch handelt also aus einem Gefühl der inneren Bedrohtheit, um seine Angst zu bewältigen. Er sucht sich einen Lebenspartner, der unbewusst mitspielt, um psychische Stabilität aufzubauen. Er braucht den anderen für sein Seelenheil und gebraucht ihn auch. (Bei Trennungen kann man sehr gut beobachten, welcher der beiden erleichtert ist, weil er den anderen nicht mittragen muss, und wer in ein tiefes Loch stürzt, weil er allein nicht in der Lage ist, mit seinen Ohnmachtgefühlen umzugehen.) Meist haben zuvor aber beide Partner über eine längere Zeit »blinde Flecken«, die verhindern, das schwierige Miteinander zu erkennen.

Lara war dauernd erschöpft. Sie merkte lange Zeit nicht, dass sie rund um die Uhr für ihren Freund Sascha zur Verfügung stehen musste. Sie fand es sogar wunderbar, so wichtig für ihn zu sein. Es war eindeutig: Er brauchte sie. Er brauchte sie nämlich nicht nur für den gemeinsamen Haushalt, den Einkauf und die Sauberkeit der Wohnung, er brauchte sie auch für seine Launen und seine Entscheidungen. Ohne Lara fühlte sich Sascha wie im luftleeren Raum. Er rief sie dauernd von seinem Job aus an, um nach Nichtigkeiten zu fragen. Erst spät begriff Lara, dass er ihre Stimme hören musste – wie ein Kleinkind sich aus dem Nebenraum ständig versichert, dass die Mutter auch wirklich in der Nähe ist.

Irgendwann hatte Lara nicht mehr die Kraft, für zwei Menschen zu denken. Sie trennte sich und blühte förmlich auf. Sascha allerdings fiel psychisch in ein ganz tiefes schwarzes Loch.

Beispiel

Warum Menschen mit Verlustangst immer wieder enttäuscht und verletzt werden

Menschen mit Verlustangst müssen immer wieder den Partner oder die Partnerin ganz nah sehen und spüren. Nur dann können sie beruhigt sein. Deshalb rücken sie meist ihren Lieben viel zu nah »auf die Pelle« und nerven mit »Spezialaufträgen«, die die Familie *möglichst in ihrer Nähe* beschäftigt. Sie sind extrem empfindlich gegenüber allen, von ihren Partnern gewünschten, Freiräumen. Ein Spielraum für etwaige Veränderungen macht sie nervös. Treffen (und zum Beispiel auch Therapiestunden) müssen lange vorher ausgemacht werden, sollen zu fixen, wiederkehrenden Zeiten stattfinden und möglichst nie verschoben werden. Sätze wie »Ich komme nach Hause, wenn ich mit der Arbeit fertig bin« oder gar »Rufen wir uns zusammen« beziehungsweise »Ich werde sehen, ob ich Lust dazu habe« sind für Verlustängstliche unerträglich. Sie wollen immer ganz genau wissen, wann der andere wiederkommt, und die Versprechen müssen pünktlichst eingehalten werden, sonst droht Panik. Bei Verspätungen der Angehörigen spielt die Fantasie die ärgsten Szenarien vor, denn »es ist bestimmt etwas passiert!« Sie brauchen Sicherheit, Sicherheit und nochmals Sicherheit. Alle Mittel zur Einschränkung und Festlegung der Umgebung sind recht. Manchmal neigen sie deshalb auch zum »sekundären Krankheitsgewinn« (wie wir später sehen werden) oder können zumindest nachts nicht allein ohne Albträume schlafen. Indem sie andere für ihr eigenes Lebensgefühl verantwortlich machen, können sie die »Leine kürzer halten«. Sosehr Verlustängstliche auch selbst leiden – sie strapazieren die Nerven ihrer Umgebung gewaltig. So passiert es, dass die (vor allem freiheitsliebenden) Angehörigen immer weiter abrücken. Erwachsene Kinder verlassen oft frühzeitig das Haus, Lebenspartner trennen sich, weil sie sich gefesselt fühlen, und Freunde distanzieren sich, weil ihnen die offensichtliche und unstillbare Bedürftigkeit der Verlustängstlichen ein dauerndes »Liebsein« auferlegt. Was passiert also?

Genau das, wovor die mit Verlust früh traumatisierten Menschen am meisten Angst haben – nämlich verlassen zu werden! Die häufige Bestätigung ihrer schlimmsten Befürchtungen ist natürlich nicht dazu angetan, die Angst zu vermindern. Im Gegenteil: Je mehr Anlässe die alten Wunden wieder aufreißen, desto schwerer heilen sie…

Beispiele

Anneliese leidet unter Panikattacken, wenn sie in Gefahr gerät, allein gelassen zu werden. Ihre fünf erwachsenen Kinder begleiten sie daher abwechselnd überall hin, fühlen sich aber in zunehmendem Maß genervt. Wie lange wird Anneliese ihre Familie noch an sich binden können?

Gregor lässt seiner Freundin keine Chance. Jedes Anzeichen einer Selbstständigkeit von Susi erscheint ihm bereits gefährlich, da sie Susi entfremden könnte. Susi bleibt schließlich nur mehr die Flucht aus der Beziehung.

Sexbesessen?

Nun kommen wir zu der besonderen Situation von Menschen, die eine spezielle Lösungsvariante ihrer Verlustängste leben. Auch sie versuchen natürlich als Erwachsene nicht mehr in so einen Notstand wie anno dazumal zu geraten – daher gehen sie mehrere Beziehungen ein. Mehrere gleichzeitige Partnerinnen oder Partner geben eine gewisse Garantie dafür, immer wenigstens über ein Mindestmaß an Zuwendung verfügen zu können, selbst wenn einer der Lieben ausfällt.

Manchmal sieht es so aus, als ob jemand ein ungestilltes sexuelles Bedürfnis hätte. Dabei ist es nur *der verzweifelte Versuch, sich abzusichern.*

Nun fragen sich die Betroffenen selbst verwundert, warum sie das tun, weil sie im Grunde nicht so scharf auf Sex sind. Eigentlich versuchen sie nur ein Netz der Sicherheit herzustellen, und Sex ist dabei der Klebstoff – aber nicht mehr. Durch die Überbewertung und Missdeutung kommen die Beteiligten nicht wirklich drauf, dass sie eigentlich »arme verlorene Kinder« sind.

Susanne zog mit ihrem Mann in eine fremde Stadt, wo ihm ein guter Job angeboten wurde. Sie verlor dadurch die Kontakte zu ihrem Freundeskreis und ihrer Familie, beziehungsweise die Kontakte wurden auf ein Minimum reduziert. Susanne, die unter intensiven Verlustängsten litt, kam mit dieser Situation überhaupt nicht zurecht. Nur auf einen Menschen angewiesen zu sein, machte sie sehr unruhig. Was ist, wenn es Krisen in ihrer Ehe geben sollte? Dann war sie doch emotional total allein!

Beispiel

Intuitiv griff Susanne zu einer Absicherungsmethode, die ihr auch schon in früheren Zeiten geholfen hatte: Da sie sehr gut aussah, fiel es ihr nicht schwer, noch zwei andere Männer für sich zu interessieren.

Von außen betrachtet mochte es so wirken, als ob Susanne einen unersättlichen Bedarf an Sex hätte. Genau genommen war

Sex aber nur ihr »Zahlungsmittel«. Sie brauchte ein verlässliches Netz um sich, eine Art »Versicherung«, um ihre quälenden Ängste nicht zu spüren.

Die Abhängigkeit ist demütigend

Es gehört zu den demütigendsten Facetten des Lebens, wenn man sich völlig abhängig von anderen erlebt. Wer die Verlustangst kennt, ist bereit, vieles einzustecken, nur um nicht in die Situation zu kommen, verlassen zu werden. Verlustangstgeplagte sind dauernd auf Anerkennung und Liebesbeweise angewiesen, denn sie können ihren Wert nicht selbst spüren. Immer haben sie das Gefühl, ohne den oder die anderen Menschen nicht leben zu können. Das bringt sie manchmal so weit, dass sie glauben, verrückt zu werden.

In Henrik Ibsens »Baumeister Solness« haben wir ein gutes Beispiel, wie Menschen, die sich aneinanderklammern, notgedrungen gegenseitig hinunterziehen. Selbst wenn sie einander zu lieben glauben, fesseln sie einander und können sich dadurch nicht zu dem entwickeln, wozu sie eigentlich befähigt wären. Ihre Visionen sterben an der Angst. Dadurch verstärkt sich jeden Tag die Gewissheit aufs Neue, nichts wert zu sein.

Opfer und Täter zugleich — Das verletzte Selbstwertgefühl und die fantasierte Bedeutungslosigkeit zeigen, dass Menschen mit Verlustangst gleichzeitig Opfer und Täter sind. *Sie sind Opfer ihrer eigenen inneren Qual und werden zu Tätern, wenn sie die Menschen ihrer Umgebung zu zwingen versuchen, ihnen ihr Problem abzunehmen.* Verlustangst führt unweigerlich zu Demütigungen, denn sie macht klein und unwert. Sie demütigt die Person in ihrem Innersten. Sie nagt an der Seele, an der Integrität, an Lebenslust und Lebenskraft. Angst, Hoffnungslosigkeit, Verzweiflung, soziale Isolation sind in der Folge häufig verbunden mit einem Aufkeimen oder Zunehmen von körperlichen Krankheiten.

Um es noch einmal zu betonen: Sich abhängig zu fühlen ist erniedrigend. Frauen können aus traditionellen gesellschaftspolitischen Gründen damit besser umgehen, weil sie daran gewöhnt sind. Die Errungenschaften, die Frauen eine Selbstständigkeit ermöglichen, sind noch sehr jung. Im Patriarchat waren Frauen quasi der Besitz von Männern – sie mussten daher ihren Selbstwert anders als über die Eigenständigkeit definieren. Das kommt ihnen bei der Verlustangst zugute.

Männer aber sind seit jeher zu starken, eigenständigen Wesen erzogen worden. Es gehört zum Rollenbild des Männlichen, Macht über sich, über die Beziehungen und zumindest über ein Stück des eigenen Lebens auszuüben. Abhängig zu sein macht Männer unzufriedener als Frauen. Wenn ein Mann nun durch die Traumen seiner Kindheit und die daraus resultierende Verlustangst abhängig von Bezugspersonen und – noch »schlimmer« – von einer Frau ist, so kann er es entweder verdrängen, oder er verhält sich aggressiv. Wie er diese Aggressionen auslebt, wird uns bei den »Männertricks« etwas später noch beschäftigen.

Wie man »Helfer« anzieht

Menschen, die sich an andere klammern, um sich selbst zu spüren, sind sehr in Gefahr, in eine sogenannte »Abhängigkeitsdepression« zu geraten. Auch wenn es die Betroffenen nicht direkt aussprechen, man spürt förmlich ihren Leitsatz: »Ich brauche dringend Liebe, Unterstützung und Trost, aber ich bekomme nichts oder nicht genug!« Diese Bedürftigkeit motiviert immer wieder »Helfer«, ihre Dienste anzubieten, mit der Hoffnung, die Sehnsucht des Menschen mit der »Wunde des Verlustes« zu stillen. Erst nach längerer Zeit und Anstrengung merken sie, dass sie leider niemals die Wünsche wirklich erfüllen können – es bleibt dieses offenbar *unstillbare Verlangen nach Zuwendung* und Verständnis, und es bleibt ebenso ein hohes Maß an Enttäuschung. Diese *Gier* überfordert Partner und andere Bezugspersonen oft gewaltig. Ihr darauf folgender häufiger Rückzug gibt den Trennungs- und Verlassenheitsängsten der Betroffenen »Futter« und zieht in einer unheilvollen Spirale weiter in die Depression hinein.

Das »Helfer-Syndrom«

(Psychotherapeuten können in der Regel ein Lied von dieser Anspruchlichkeit singen. Manche Klienten gleichen kleinen Vogelkindern im Nest, mit ihren ständig offenen Schnäbelchen, ihrer Unersättlichkeit und ihren herzzerreißenden Klagelauten. Wenn die Therapeuten natürlich nicht in der Lage sind, diesen Dauerhunger nachhaltig zu stillen, wird schnellstens enttäuscht die Therapie gewechselt. Auf diese Art gibt es Klienten, die wahre Therapeutensammler sind. Sie erzählen oft lautstark von ihren ständigen Enttäuschungen und dass offenbar niemand ihnen »gewachsen« sei. Für unerfahrene Psychotherapeuten sind solche nimmersatten Klienten eine Quelle herber Frustrationen.)

Ängste machen Menschen zu Opfern und Tätern

Wir wissen: *Meist löst die Angst vor Verlust die starken Emotionen aus, selten der Verlust selbst.* Sie begleitet die dazu Anfälligen oft Tag und Nacht. Diese Ängste verhindern ein befriedigendes Miteinander. Die Wurzeln dazu liegen in der Vergangenheit.

Arnold Lazarus, Clifford N. Lazarus und Allen Fay sammelten »Glaubenssätze«, die man aus der Kindheit mitgenommen hat und die nun das Leben als Erwachsener sehr erschweren können. Manchmal ist es gar nicht einfach, die Schädlichkeit eines Satzes zu erkennen, weil er im eigenen Repertoire noch immer fest verankert ist. Einer dieser Sätze lautet:

Einmal das Opfer, immer das Opfer.

Tatsächlich zeigte sich aber, dass zwar Opfer manchmal dazu neigen, wieder Opfer zu werden. Viel häufiger *stilisieren sie sich aber zum ewigen Opfer, um nicht sehen zu müssen, wie sie mittlerweile selbst zum Täter wurden.* Besonders frühgestörte Menschen (also Menschen, deren Werdegang in ihrer frühesten Kindheit massiv gestört wurde und die davon schwerste seelische Verwundungen und Fehlentwicklungen erlitten) sind überhaupt kaum in der Lage, sich selbst als Täter zu sehen. Sie müssen alles »Böse« in sich nach außen katapultieren und auf den nächsten geeigneten Menschen ihrer Umgebung projizieren. Das bedeutet, dass sie, was sie an sich selbst als unerträglich erkennen sollten, einem anderen einfach andichten, ohne dass sie es merken. Aber selbst Menschen mit einer reiferen Persönlichkeitsstruktur tun sich sehr schwer damit zu erkennen, dass ihr Handeln nicht immer ausschließlich gut ist. Wenn wir uns im Folgenden also »Tricks« ansehen, so muss man dazu bemerken, dass diese Tricks zwar von außen äußerst unfair aussehen, den Tätern aber selbst meist gar nicht als »böse« erscheinen.

2. Die »bösen« Tricks der Menschen mit Verlustangst in ihren Beziehungen

Wenn wir nun von den Tricks sprechen, werden wir sehen, dass die Opfer- und die Täterrolle nicht wirklich voneinander getrennt ist. Zumindest vereinigen sie sich in ein und demselben Menschen.

Warum ist es wichtig, die Zauberkunststücke zu durchschauen?

Manipulation durchschauen

Weil man dann anders darauf reagieren kann!

Wenn man selbst derjenige ist, der die Mitmenschen manipuliert, wird man vielleicht erkennen, dass man die Grenzen der anderen fortwährend überschreitet. Ich habe bei meiner psychotherapeutischen Arbeit sehr oft Menschen erlebt, die immer wieder verlassen oder in der Firma gemobbt wurden und keine Ahnung hatten, welchen Beitrag sie selbst dazu geleistet haben.

Wenn man aber zu jenen gehört, die im neurotischen Netz eines nahen Menschen gefangen sind, muss man sich die Frage stellen, ob es möglich ist, Partner, Mutter oder Vater auf die Unerträglichkeit der Situation aufmerksam zu machen und dadurch etwas zum Besseren zu verändern. Wenn diese Veränderungsversuche mehrmals und oft jahrelang fehlschlagen, ist es meistens nötig, Konsequenzen zu ziehen. Bei verschlingenden Eltern kann man als Erwachsener häufig die Frequenz der Treffen so dosieren, dass es erträglich wird. Bei Partnern ist mitunter eine Trennung unumgänglich oder es findet sich ein Arrangement, das es ermöglicht, wenigstens zeitweise voneinander abzurücken. Wenn man gar nichts in dieser Richtung unternimmt, ist die Gefahr überaus groß, sich völlig unterzuordnen oder sich zu verlieren und die eigene Persönlichkeit langsam aufzugeben.

Wir werden uns nun beliebte Tricks vergegenwärtigen, die eher von Frauen, und solche, die eher von Männern benützt werden. Es gibt Verhaltensweisen, die aus der sozialen Stellung der Männer bei ihnen beliebter, aber keineswegs nur von ihnen gepachtet sind. Ebenso tendieren viele Frauen zu bestimmten Tricks, Männer nehmen aber auch manchmal Anleihen bei ihnen. Und dann gibt es Tricks, die sich bei allen von Verlustangst Betroffenen »großer Beliebtheit erfreuen«.

Das Hauptanliegen aller dieser »Tricks« ist dabei immer, die Entscheidungsfreiheit des anderen einzuschränken oder sogar ganz zu eliminieren.

Frauen spielen manchmal ganz gerne die Mutterrolle bei ihren Partnern. Sie verwöhnen sie mit allerlei Diensten im Haushalt und machen sie gleichzeitig völlig unselbstständig. Sie vermitteln, dass nur sie allein über Kochen, Einkaufen und das Management des gemeinsamen Haushalts Bescheid wissen. Der so »entmündigte« Partner ist quasi gezwungen, ewig in der Beziehung zu verbleiben. Auf der anderen Seite spielen sie auch oft bedürftig und appellieren an die männlichen Beschützerinstinkte. Geldfragen und Problemlösungen, die ihnen unangenehm sind, überlassen sie manchmal gerne den »großen Machern«. Auch über Schwangerschaften wird manchmal Druck ausgeübt.

Männer wiederum machen immer noch gerne ihre Frauen finanziell abhängig. Sie verhindern eine adäquate Berufstätigkeit oder auch die Ausbildung dafür. Manchmal unterminieren sie auch so lange das Selbstwertgefühl ihrer Partnerinnen, bis diese sich selbst nicht mehr zutrauen, auf eigenen Beinen zu stehen. Manche machen auch aus ihren Frauen Püppchen, schöne »Schmuckstücke« oder auch Mamas, jedenfalls reduzieren sie das weite weibliche Repertoire auf eine ihnen genehme Rolle.

Vermutlich gibt es noch ein paar weitere Tricks, vielleicht kennen Sie sogar einige aus dem eigenen Schatzkästchen oder aus Ihrer Umgebung. Interessant ist es auch, dass viele Menschen zwar wissen, welche Fallen ihnen immer wieder gestellt werden, aber wenige reflektieren, wie sie es selbst anstellen, um andere zu manipulieren. Man sieht sich offenbar viel lieber als Opfer denn als Täter.

Sehen wir uns nun die Tricks genauer an – sowohl Frauen als auch Männer haben da einiges auf Lager.

Die Frauentricks

Warum Frauen und Männer nicht gleich betroffen sind

Die Zeiten sind endgültig vorbei, wo die äußeren Strukturen Beziehungen für alle Ewigkeit zusammenhielten. Selbst ein Trauschein gibt heute keinerlei Garantie. Wenn man aber damit nicht zurechtkommt, dass es auch einmal ein »Aus« geben könnte (wie es bei Menschen mit einer ehemals gerissenen Nabelschnur der Fall ist), ist der Griff in die Trickkiste für manche ein Ausweg.

Bei Frauen sehr beliebt sind

- das Verwöhnen des Partners und ihn damit gleichzeitig unselbstständig machen,
- das Appellieren an die Beschützerinstinkte eines Mannes, der von nun an nicht mehr wagen soll, seine Verantwortung zu lockern und
- die bedingungslose Unterordnung mit gleichzeitigem Erzeugen von Schuldgefühlen im Partner.

Frauentricks durchschauen

Frauen neigen also weniger zu Gewalt als zu subtileren Mitteln. Diese Strategien sind aber keineswegs weniger wirkungsvoll und manchmal sogar schwieriger zu durchschauen. Die wichtigsten Ingredienzien ihres Zaubertränkleins sind *Klammern, Schuldgefühle machen und an die Dankbarkeit appellieren.*

Die Angst, die Zuwendung wichtiger Bezugspersonen zu verlieren, gehört in den psychologischen Theorien zu den Urängsten, die niemandem erspart bleiben. Ein gewisses Maß erleben wir alle. Außer den ausführlich beschriebenen Verlusterfahrungen gibt es allerdings auch Erziehungsstile, die die Angst vor Liebesverlust (also dem Ausbleiben der Gefühlsbeziehung zu einer wichtigen Bezugsperson) ausgesprochen fördern. Ein Kind kann erleben, dass liebende Zuwendung und Verständnis »Mangelware« in der Familie sind. Es entwickelt eine ständige Furcht, auch noch den letzten Rest zu verlieren. Da in Teilen unserer Gesellschaft die Frauen manchmal noch immer eher »fügsam« erzogen werden, versuchen Mädchen (sehr viel eher als Jungen), die vermuteten Wünsche der Eltern zu erfüllen. Vor allem, wenn sie erleben, dass die Brüder ausgesprochen oder unausgesprochen mehr wert sind, passen sie sich eher an, unterdrücken häufiger ihre Lust auf Rebellion. Diese Mädchen wollen durch »braves« Verhalten Lob, Anerkennung und die dringend benötigte Liebe bekommen. Wie wir uns leicht ausmalen können, wird bei dieser Erziehung die emanzipatorische Entwicklung zu einer eigenständigen, reifen Persönlichkeit gebremst. Dadurch sind sie einerseits anfälliger, sich von männlichen Partnern und Chefs ziemlich viel Kontrolle gefallen zu lassen, zum anderen greifen sie selbst gerne ins Zauberkästchen der Tricks, um ein männliches Wesen an sich zu binden.

Natürlich muss auch gesagt werden, dass in der heutigen Generation Mädchen (vor allem im städtischen Bereich) bei uns auch gleichberechtigt erzogen werden und gut und gerne auf ihren eigenen Füßen stehen. Allerdings scheint die Prägung tiefe Wurzeln zu haben. Unterbewusst ist das Frauen- und Männerbild der vergangenen Jahrhunderte offenbar noch gut gespeichert. Auch wenn der Kopf (mit Recht) sagt, dass eine Frau heutzutage viele verschiedene Wege gehen kann, gibt es einen verborgenen Kern, der hartnäckig an den Traditionen festhält. Wieso ist es sonst möglich, dass so viele kompetente, gut ausgebildete junge Frauen nicht wirklich glücklich mit ihrer Eigenständigkeit sind?

Ein Wort sollte man auch über lesbische Beziehungen sagen: Meiner (begrenzten) Erfahrung nach gibt es keinen wesentlichen Unterschied zwischen ihren und den Tricks heterosexueller Paare.

Wie sehen nun einige der häufigsten Tricks aus?

Klammern – ein Versuch, der nach hinten losgeht

Wie wir gesehen haben, sind Menschen mit Verlustangst mehr als die anderen auf einen Partner angewiesen und reagieren bei allen Irritationen ihres Systems mit depressiven Verstimmungen und verschiedenen »Wundschmerzen«. Sie brauchen den Partner, weil sie nicht imstande sind, aus sich heraus die wichtigsten Bedürfnisse zu erfüllen. So viel wurde auf den anderen gesetzt, so wenig selbst entwickelt, dass die meisten Wünsche von außen erfüllt werden müssen. Das führt einerseits zu einer ständigen Frustrationsquelle, zum anderen zu einer fatalen passiven Erwartungshaltung. *Je weniger Eigenleben entwickelt wurde, desto schmerzlicher wird jede Distanz, Entfernung und Trennung vom Partner erlebt*. Sie stürzt die Betroffenen in eine Verzweiflung wie die eines ausgesetzten Babys.

Nun gibt es zwei Möglichkeiten, um die Menschen der Umgebung (Partner, erwachsene Kinder etc.) festzuhalten: Entweder man gibt sich selbst möglichst kindlich-hilflos, um zu demonstrieren, dass man nicht verlassen werden darf, oder man macht die jeweiligen Lebenspartner zu abhängigen »Kindern«, die daher nicht so leicht abhandenkommen können. Das funktioniert so lange prächtig, bis irgendein Teil der Familie merkt, dass die Entwicklung seiner Persönlichkeit schmerzlich zu kurz gekommen ist und er nicht mehr auf seine Selbstbestimmung verzichten will. Dann kommt es unweigerlich zum Kampf.

Maria ist Alleinerziehende eines nun erwachsenen Sohnes. Ihre ganze Lebensplanung bezog sich auf Markus. Maria wusste, dass sie ohne ihn »verloren« war. Sie hatte weder Freunde noch Hob-

Beispiel

bys. Markus hatte zwar all die Jahre die ungeteilte Zuwendung seiner Mutter genossen, aber nun war es an der Zeit, sich um eine Freundin zu kümmern. Er ahnte allerdings bereits, dass seine Mutter jeden Konkurrenten und jede Konkurrentin aufs Äußerste bekämpfen würde, und das bestätigte sich leider auch. Es gab fürchterliche Szenen.

Markus schaffte es nicht, sich mit den Weinkrämpfen der Mutter auseinanderzusetzen, sich dabei ständig schuldig und gleichzeitig im Recht zu fühlen. Heimlich schaffte er seine wichtigsten Sachen zu einem Freund, und eines Tages blieb er einfach weg. So wie einst sein Vater verschwand er »auf Nimmerwiedersehen«.

Beispiel Wolfgang war nach einigen Enttäuschungen auf der Suche nach einer treuen Frau. So war er sehr glücklich, Cornelia gefunden zu haben, die alles mit ihm machen und teilen wollte. In der ersten Verliebtheit war diese innige Nähe nur reinste Wonne, aber nach einiger Zeit wollte Wolfgang auch hin und wieder seine alten Freunde sehen oder auf den Fußballplatz gehen. Er erschrak gewaltig, als er nach so einem Herrenabend Cornelia leblos vorfand – sie hatte eine Überdosis Tabletten genommen. Welch dramatische Reaktion auf sein harmloses Vergnügen!

Cornelia konnte zwar gerettet werden, aber es blieb nicht bei dem einen Mal. Jede nur geringe Entfernung von Wolfgang löste bei Cornelia tiefe Verzweiflung aus.

Wolfgang versprach, künftig nicht von Cornelias Seite zu weichen. Das ging einige Zeit gut, dann bekam er plötzlich Atemprobleme, die sich weiter verschlimmerten. In einer Psychotherapie erarbeitete er, dass er einfach keine Luft mehr zum Atmen hatte. In einem schwierigen Prozess rang er sich schließlich dazu durch, sich nicht mehr erpressen zu lassen. Er vermittelte auch Cornelia eine Psychotherapeutin, die ihr dazu verhalf, mit einer möglichen Trennung besser zurechtzukommen. Wolfgang zog schließlich aus. Seine Schuldgefühle beschäftigten ihn noch längere Zeit, aber seine Lunge konnte sehr bald wieder gut atmen.

Wie man sich unersetzlich macht

Es gibt Menschen, bei denen man den Eindruck hat, dass sie ausschließlich geben. Sie tragen den Lebenspartner auf Händen, unterstützen die Kinder und die alten Eltern, außerdem übernehmen sie jede ehrenamtliche Aufgabe in diversen Vereinen. Wenn ein Freund anruft, kann er sicher sein, dass sein Anliegen prompt erledigt wird. Was kann denn so ein starkes Motiv sein, dass sämtliche Freizeit im Dienste der anderen aufgeht? Offensichtlich möchte die Betroffene unbedingt *gebraucht werden!* Nützlich zu sein ist demnach ein gutes Mittel, um andere an sich zu binden.

Menschen, die in ihrer Kindheit verlassen wurden, fantasieren häufig, dass sie selbst daran schuld seien. Natürlich leidet die Entwicklung eines gesunden und stabilen Selbstwertgefühls darunter, sie erleben sich als minderwertig.

Wenn sich jemand für andere einsetzt, bekommt er zumeist eine Menge Lob. Es ist doch für die Umwelt recht angenehm, wenn man mit ein paar anerkennenden Worten jemanden für alle ungeliebten Aufgaben gewinnen kann. Zudem kostet es nichts! Da die Betroffenen nicht selbst an ihren Wert glauben, sind sie darauf angewiesen, dass andere Menschen sie tüchtig, nützlich, hilfsbereit finden. Das ist schon fast so gut wie Liebe…

Besonders gut funktioniert dieses System, wenn man sich manche »Schlüsselstellungen« aneignet.

Beispiele

Nur Sybille weiß, wie man die Lieblingsgerichte ihrer Familie kocht. Da sie Kinder und Partner immer aus der Küche verbannt hatte, hat sie sich eine Monopolstellung an der »Futterkrippe« erarbeitet.

Rosi genießt es fast, dass sie so einen lebensuntüchtigen Ehepartner hat. Ihr Mann ist zwar ein guter Bibliothekar, aber vom Alltag »draußen« hat er keine Ahnung. »Wenn er Rosi nicht hätte, würde er glatt verhungern und in ungewaschenen Klamotten gehen«, sagen alle Freunde.

Birgit ist die Einzige in ihrem gemeinnützigen Verein, die die nötigen Beziehungen zu den Sponsoren pflegt. Sie lässt niemanden in ihre »Geheimverbindungen« Einblick nehmen, und es ist daher klar: Jeder ist ersetzbar – nur Birgit nicht.

Kerstin hat aber im selben gemeinnützigen Verein eine andere Nische gefunden: Sie hat eine bestimmte Ordnung in der Kammer mit den Kleidungsstücken für Not leidende Mitbürger »erfunden«, mit der angeblich ausschließlich sie sich auskennt. Auch wenn die Arbeit ihr über den Kopf zu wachsen droht – es wird jede Hilfe rigoros abgelehnt. Da könnte sich doch jeder in ihre Aufgabe hineinzwängen!

»Unersetzliche« haben mit großer Regelmäßigkeit ein Problem mit sich und ihrem von außen gefütterten Selbstwert, wenn sie alt und gebrechlich werden. Offensichtlich nicht mehr gebraucht zu werden, stürzt sie in tiefe Seelenqualen.

Die große »Über-Mutter« und das »kleine Kind«

Nun zu den Nöten der Frauen, die aus Angst vor einem trennenden Misston ihre Umwelt mit Obsorge überschütten. Partner oder halberwachsene Kinder sind nun ihr Lebensinhalt, den sie unter keinen Umständen verlieren wollen. Sie brauchen diese Menschen und machen alles, um sie in dankbarer Abhängigkeit zu halten. Bei jeder Unlustäußerung sind sie da, beruhigen und decken sie mit vermeintlicher Liebe zu. Die große Beschützerin versucht dem anderen alles »vorzukauen«, nimmt ihm die Sorgen und Aufgaben ab und *fungiert als Schutzmauer zur »bösen« Außenwelt*. Sie vermittelt, dass es nur zu Hause Geborgenheit, Sicherheit und Verständnis gibt. Die Konflikte sind allerdings vorprogrammiert. Wer nicht in dieser engen Bindung ersticken möchte, wird sich mit zunehmender Reifung einen Freiraum schaffen müssen. Das führt aber wieder zu massiven Verlustängsten und zu sehr unerfreulichen Szenen: Schuldgefühle vermitteln, Erpressungsversuche über Krankheiten bis hin zu Selbstmordversuchen.

Ingo wurde einst von seiner Mama ziemlich verwöhnt. Er hat angeblich im Haushalt absolut »zwei linke Hände«. Deshalb suchte er sich die kongeniale Partnerin in Christina, die ihn wie einen Kinderersatz betreut. Wenn er krank ist, spielt sie die beste Krankenschwester. Mit Haushaltsproblemen lässt sie ihn in Ruhe, und auch den Posten des internen Finanzministers erfüllt sie mit ganzem Einsatz. Ingo weiß, dass er ein »Goldstück« sein Eigen nennen kann, und kommt gar nicht auf die Idee, sich zu emanzipieren, und Christina weiß ihrerseits, dass sie sich um die Treue von Ingo keine Gedanken machen muss, denn sie hat ihn an der Leine.

Gerald hat auch eine aufopfernde Mutter. Er ist der einzige Sohn einer Witwe und »ihr Ein und Alles«.

Geralds Mama macht alles, damit sich ihr studierender Sohn zu Hause wohlfühlt. Natürlich kocht und wäscht sie, räumt das »Jugendzimmer« perfekt auf, putzt und kauft ein. Gerald bekommt zwar ein fürstliches Taschengeld, aber er gibt eigentlich nichts davon aus. Er hat sich noch niemals einen Pullover oder Wäsche selbst gekauft – die Mama erstand alles im Ausverkauf viel günstiger, als er es jemals könnte. Und einen eigenen Geschmack hat er bislang auch noch nicht entwickelt.

Noch traut sich Gerald nicht, mit Freunden oder (»um Gottes willen«) einer Freundin zusammen zu sein. Das könnte er der Mama nicht antun …

Das genaue Gegenteil der »großen Mutter«, das »kleine Kind«, ist ein ebenfalls sehr erfolgreiches Spiel. Man demonstriert, wie kindlich-hilflos man ist und dass man deshalb keinesfalls und nie verlassen werden darf. Die Betroffenen wollen ewig beschützt werden. Sie brauchen nicht nur eine starke Schulter, an der sie sich anlehnen können, sondern sie wollen auch den anderen durch die delegierte Verantwortung an sich binden. Während sie sich oft im Beruf erwachsen verhalten (also zeigen, dass sie durchaus in der Lage sind, verantwortlich zu sein), spielen sie im Privatleben die Rolle des schwachen Schützenswerten.

Beispiel Marina, eine intelligente Juristin, macht sich künstlich »kleiner«, als sie ist. Sie weigert sich einfach zu lernen, wie man die Sicherungen auswechselt. Auch die Bankgeschäfte überlässt sie lieber ihrem Mann. Selbstverständlich kann sie weder Entscheidungen über den Urlaub treffen noch in welche Theateraufführung sie gehen werden. Sie gibt Alfred das Gefühl, dass es ohne ihn nicht geht. Alfred fühlt sich dadurch geehrt und aufgewertet (denn das braucht er), und er denkt nicht im Traum daran, sein »kleines Dummerchen« im Stich zu lassen.

Das Schuldgefühle-machen-Spiel

Dieses sehr »beliebte« Spiel hat vielerlei Varianten. Einige klangen bereits in den vorherigen Fallbeispielen an. Dazu gehören zwei Voraussetzungen: Erstens, dass Menschen, die eine nahe Beziehung zueinander haben, die Schwachstellen des anderen sehr genau kennen. (Diese gilt es nämlich nun gezielt anzusprechen.) Und zweitens muss zumindest einer der Beteiligten zu Schuldgefühlen neigen.

Sich schuldig fühlen und sich verantwortlich fühlen sind zwei verschiedene Seiten derselben Medaille. Das bedeutet: Jemand, der sich schnell für irgendeine Situation schuldig fühlt, hat zumindest innerlich die Verantwortung für deren Gelingen übernommen. Überspitzt könnte man sagen: Ein Allmachtsgefühl und ein Allschuldsgefühl sind ein Geschwisterpaar. Wer allein über etwas die (meist unrealistisch fantasierte) Macht hat, der ist natürlich auch der einzige Schuldige, wenn etwas nicht funktioniert. In Beziehungen am »erfolgreichsten« ist man, wenn man den Partner für das gesamte eigene Wohlgefühl verantwortlich macht nach dem Motto: »Du bist schuld, wenn es mir nicht gut geht!« Somit lässt sich alles, was schiefläuft, wo man selbst einen Fehler gemacht hat oder wenn man einfach schlechte Laune hat, mühelos seinem Partner, den Kindern, den Eltern (oder wer sonst noch zur Verantwortung gezogen werden kann) »umhängen«.

Woher auch immer die erzeugten Schuldgefühle kommen – sie zeigen Wirkung. *Menschen mit Schuldgefühlen trauen sich häufig nicht gegen die Manipulationen aufzutreten.*

In vielen Beziehungen gibt es diese verschiedenen kleinen und größeren Scharmützel.

Sehr verbreitet sind folgende Möglichkeiten:

1. *An eine Verpflichtung innerhalb der Beziehung erinnern:*   **Beispiele**
   »Passt du morgen Nachmittag auf das Baby auf?«
   »Nein, ich wollte Fußballspielen gehen.«
   »Gut. Wenn das Kind groß ist, werde ich ihm sagen, dass sein Vater nie Zeit für es hatte.«

2. *Klarmachen, dass der andere ein Opfer bringen muss:*
   »Ich kann morgen leider nicht einkaufen gehen.«
   »Geht in Ordnung. Ich habe zwar einen sehr anstrengenden Tag, aber ich werde eben auf meine Mittagspause verzichten und in den Supermarkt gehen.«

3. *Vergleiche anstellen:*
   »Wann bist du heute aufgestanden?«
   »Gegen Mittag.«
   »Zu der Zeit habe ich schon vier Stunden gearbeitet.«

4. *Widersprüche aufdecken:*
   »Willst du wirklich dieses Eis essen? Ich dachte, du willst abnehmen!«

Allerdings klappt der Trick mit den Schuldgefühlen nicht immer. Dort, wo der Druck ein unerträgliches Maß annimmt, funktioniert er manchmal wie ein Katapult. Gerade der Partner, der besonders gebunden werden soll, entfernt sich mit Lichtgeschwindigkeit.

Die Männertricks

Wie wir im Kapitel über die demütigende Abhängigkeit sahen, *kommen Männer besonders schlecht damit zurecht, sich schwach und manipulierbar zu erleben.* Wenn sie aufgrund einer »Wunde des Verlustes« in Beziehungsfragen besondere Sicherheit brauchen, fühlen sie sich unerträglich hilflos. Es ist ihnen wie damals als Kind, als sie der Macht von erwachsenen Bezugspersonen unterstellt und ausgeliefert waren. *Ihre Strategie als erwachsene Männer unterscheidet sich in einem Punkt wesentlich von jener der Frauen.* Im *Verleugnen und Projizieren* sind sie oft wahre Meister. Manche Männer tun so, als ob es die Verlustängste nicht gäbe. Entweder lassen sie ihre Gefühle überhaupt nicht zu, oder sie projizieren sie auf jemanden anderen ihrer Umgebung. So glauben sie oft selbst, dass nicht sie klammern, sondern ihre Partnerin.

Andere merken zwar diffus, dass sie die Bestätigung und Zuwendung eines nahen Menschen brauchen, aber sie drehen die Situation um: Indem sie die Partnerin (oder in homosexuellen Beziehungen den Partner) sozial abhängig machen, können sie die emotionale Abhängigkeit verleugnen. Wie sie das machen, werden wir uns nun näher ansehen.

Das männliche Selbstbild wird auf Kosten der Frau aufgebaut

Männertricks durchschauen

Beginnen wir bei der diskretesten Form der Manipulation. Sie wird manchen sogar ganz »normal« vorkommen, und zwar deshalb, weil sie so häufig vorkommt. Vor allem in früheren Zeiten war es doch klar, dass ein Mann »etwas Besseres« ist und daher das »Recht« hat zu bestimmen. (In großen Teilen unserer Erde, wie in Afrika, Asien oder Südamerika, ist es für Männer nach wie vor Brauch, sich generell über die Frauen zu erheben.)

Ein brüchiges Selbstwertgefühl braucht immer jemanden, der dümmer, ärmer, niedriger ist, also eine Hierarchie, auf der man mit Sicherheit nicht den schlechtesten Platz einnimmt. Dazu mussten in allen Zeiten verschiedene Volksgruppen (»Neger«, Juden, Zigeuner), aber auf alle Fälle die Frauen zur Verfügung stehen. Das funktionierte sehr leicht, indem man sie an bestimmte Lebensbereiche nicht heranließ, sie finanziell unterlegen machte oder zumindest ihre Rolle festlegte.

Die Rolle des Selbstwertgefühls

Ein Schulbeispiel für die Manipulation einer intelligenten Frau zu einem Püppchen, das man jeweils so einsetzen kann, wie man es braucht, ist Henrik Ibsens »Nora«. (In einer neuen Inszenierung begnügt sich Nora nicht mehr, ihren dominanten und in keiner Weise einsichtsvollen Mann zu verlassen, sondern sie vernichtet ihn.) In der Realität ist es in der Tat aber oft sinnvoll zu gehen, wenn sich herausstellt, dass es keine Aussicht auf Veränderung der Situation gibt. Anfangs mögen es vielleicht manche Frauen (vor allem solche aus unterprivilegierten Bevölkerungsschichten) schätzen, wenn es einen Mann gibt, der für sie sorgt. Später merken sie aber, dass der »overprotective man« ihr Leben und ihre Aktivitäten übertrieben beeinflussen und bestimmen möchte, ohne dabei zu erkennen, dass sie auch noch ein eigenes Leben haben. Fast immer gibt es Drohungen (zum Beispiel mit einem Beziehungsabbruch), wenn sie sich nicht an seine Bedingungen hält.

Man fragt sich: Wieso droht ein Mann mit Verlustangst, die Partnerin zu verlassen? Das ist doch kontraproduktiv, wenn man mit genau dem droht, wovor man selbst am meisten Angst hat!

Nun: Einerseits scheint es so zu sein, dass diese Drohung in der Kindheit eines Verlustängstlichen bereits gut gelernt wurde.

Andererseits wirft es ein Licht darauf, wie wenig die inneren Mechanismen von den betroffenen Männern selbst reflektiert und, sobald sie aufkommen, sofort projiziert (also dem anderen angedichtet) werden.

Er demontiert gekonnt ihren Selbstwert

Die Kunst des
»Klein-Haltens«

War im vorigen Kapitel noch vordergründig ein Funken Wertschätzung im Spiel, wenn ein Mann meinte, »meine Frau braucht nicht arbeiten zu gehen«, oder wenn er sie als »Dekoration« seines Lebens hochstilisiert, so ist nun die Manipulation weniger leicht zu verschleiern. Manche Männer mit Verlustangst arbeiten gezielt daran, das Selbstwertgefühl ihrer Partnerin zu verringern. Sie wünschen sich, dass die schon genannte Hierarchie sich noch mehr zu ihren Gunsten entwickelt. So darf die betroffene Frau nicht nur nicht arbeiten (oder nur in äußerst unqualifizierten Jobs), sondern es wird ihr auch noch jede Ausbildung verweigert. Frauen »klein« zu halten, gelingt in der Regel erfolgreich, wenn eine Frau noch ziemlich jung ist und daher ihre Fähigkeiten noch nicht ausloten konnte oder wenn die Gesellschaftsform die Männer in der gewünschten Art unterstützt. Wir können beispielsweise in den islamisch dominierten Ländern gut beobachten, wie den Frauen die Bildung größtenteils verweigert und wie ihre untergeordnete Stellung dieserart zementiert wird.

Wenn man Menschen lange genug einredet, dass sie dumm und unfähig sind, glauben sie es irgendwann selbst. Diese Tatsache hat sich immer wieder bewahrheitet, und die Auswirkungen sind in der Psychotherapie nahezu alltäglich anzutreffen. Bei einem Kind ist es nicht schwierig, ein gesundes Selbstwertgefühl zu verhindern. Aber selbst Frauen, die psychisch relativ stabil waren, kann man einer »Gehirnwäsche« unterziehen, bis sie den Glauben an sich selbst verlieren. Dazu muss man ihre Kontakte so gering wie möglich halten (wie wir später noch sehen werden), um sie keiner »fremden« Beeinflussung auszusetzen, und man muss ihnen oft und lang genug einreden, dass sie dumm und ungeschickt sind und mit ihrer mangelnden Ausbildung keinerlei Chance auf dem Arbeitsmarkt haben. Das hat System und wirkt »todsicher«. Frauen, die durch Kinder ans Haus gebunden sind oder die häufig den Wohnort wechseln mussten, kommen relativ leicht in diese missliche Situation.

Und wenn sowohl das Selbstwertgefühl als auch das Selbstvertrauen genügend ruiniert wurden, ist es einfach, den großen Beschützer zu spielen und damit wieder einmal die Gefahr, verlassen zu werden, zu bannen.

Hin und wieder hat sich allerdings herausgestellt, dass manche Frau »recht zäh« ist, vielleicht ahnt, wie viele Möglichkeiten in ihr schlummern, und den schwierigen Schritt in ein Erproben ihrer Selbstständigkeit wagt. Diese Undankbare!

Svens Ehe wurde durch den Selbstmord seiner Frau beendet. **Beispiel**
Sven fragte sich nicht, welchen Anteil er am Elend seiner Frau hatte – er war ausschließlich »sauer«, dass sie ihn »verlassen« hatte.

Das sollte ihm nicht mehr passieren. Als er eine junge Frau in sozialen Nöten kennenlernte, sah er seine Chance. Gekonnt baute er sich als großer Beschützer auf, sie musste ihm doch schließlich dankbar sein. Svens beschädigtes Selbstwertgefühl bekam endlich wieder »Futter«. Um diese Zufuhr nicht abreißen zu lassen, konzentrierte er sich auf einen Lebensstil mit häufigen Jobwechseln und Auslandsaufenthalten, wo seine junge Partnerin nie Fuß fassen konnte. Das Einzige, wozu sie angeblich fähig war, war die Erfüllung seiner persönlichen Wünsche. Natürlich hatte sie weder eigenes Geld noch die Möglichkeit, irgendwo selbst Arbeit zu finden. Schritt für Schritt glitt sie in eine Depression.

Freunde und Verwandte schlechtmachen

Besonders jene unter den verlustgeschädigten Menschen, die die nötig gebrauchte Liebe und Zuwendung an einen Bruder oder an eine Schwester abgeben mussten, befassen sich zeit ihres Lebens mit dem Thema Konkurrenz. Wer anfangs ein Übermaß an Zuwendung (das plötzlich abriss) bekam, schleppt häufig das *Missverständnis* mit sich herum, dass ihm eigentlich *die ungeteilte Aufmerksamkeit* ewig *zustehe*.

Die Kunst des »Schlecht-Machens«

Wenn das Schicksal es so will und die Zweierbeziehung des erwachsenen Verlustängstlichen wird durch ein Kind »gestört«, beginnt ein Problem ohne Ende. Aber bereits ein Hund, berufliche Anforderungen an die Partnerin oder die Notwendigkeit, dass sie einen alten oder kranken Familienangehörigen pflegen muss, konfrontieren jene, die das »Zeichen des Bruchs« noch nicht ablegen konnten, mit dem gefürchteten Thema der Konkurrenz. Sie belegen gnadenlos ihre Partnerin mit Beschlag und dulden niemanden neben sich. Nun werden die Eltern, Geschwister und Freunde der Liebsten bekämpft und »schlechtgemacht«. Alle Intrigen und gezielten »Missverständnisse« über Angehörige sind jetzt gerade recht. Es sollen gefälligst sämtliche Beziehungen aufgegeben werden, man hat doch schließlich ein alleiniges Recht auf ungeteilte Aufmerksamkeit. Auch »spontan« ausgebrochener Streit, der unbedingt manchmal stundenlang ausdiskutiert werden muss, verhindert im richtigen Moment (nämlich wenn die Partnerin gerade zu einem Treffen gehen möchte) jeden Außenkontakt.

Väter »sitzen« mitunter mit größter Eifersucht auf ihren sich ablösenden Kindern, vor allem natürlich auf den Töchtern. Es gibt ungezählte Geschichten erbitterter innerhäuslicher Fehden.

Es sei noch einmal besonders betont und auch davor gewarnt: *Isolieren ist leider ein wirksamer Schutz gegen jedes gesunde Regulativ von außen. Wer ausschließlich den Manipulationen eines einzigen Menschen ausgesetzt ist, ist viel leichter lenkbar.* Das wissen zum Beispiel Sekten sehr gut, die ihren Mitgliedern sämtliche Außenkontakte mit Andersdenkenden verbieten. Diese können dadurch nicht vergleichen und nicht auf »gefährliche« Gedanken kommen. Auch gibt es Länder auf dieser Erde, die ausländische Radio- und Fernsehsender rigoros abschirmen. Andere Meinungen und Informationen, die die internen Missstände aufdecken würden, müssen ängstlich vermieden werden.

Es ist in unserer Gesellschaft viel einfacher, Frauen ans Haus zu binden. Männer sind im Gegensatz dazu meistens berufstätig und daher unter anderen Menschen, mit denen sie sich austauschen können. Sie lassen sich nicht so leicht isolieren. Manchmal reicht aber nicht der verbal ausgedrückte Wunsch, um die Partnerin für sich allein zu reklamieren. Dann treten alle anderen Pläne (die wir schon sahen) in Kraft. Einer davon ist schließlich auch Gewalttätigkeit.

Rohe Gewalt

Gewalt ist, wie wir wissen, seit Menschengedenken *ein wichtiger Bestandteil der männlichen Identität*. Männer wurden dazu erzogen, zu verteidigen und zu kämpfen. Wenn man diese zeitweise durchaus auch berechtigte Funktion ausüben muss, ist es notwendig, seine ganze Kraft und die verfügbaren Waffen einzusetzen. Alle Mittel sind recht, um die eigene Sippschaft, die eigenen Territorien oder die eigenen Interessen gegen feindliche Übergriffe zu schützen. (Wir können das sehr leicht an der historischen Überlieferung ablesen: Die Geschichte der Menschheit scheint eine der Kriege zu sein. Kaum etwas anderes wurde wert befunden, um es für die Nachwelt aufzuschreiben.) Die durch Jahrmillionen geförderte Machtausübung ist in allen männlichen Wesen eingespeichert, und das Hormon Testosteron kommt ihnen dabei ordentlich zu Hilfe. Das Patriarchat hat bis in die heutige Zeit den Kampf gebilligt und verherrlicht. Selbst wenn nun ein Mann aus einer pazifistischen Familie kommt, kann er seine Natur nicht ganz verleugnen. Er kann aber natürlich lernen, mit anderen Mitteln zu kämpfen, Toleranz zu üben und Demokratie auch in den Beziehungen walten zu lassen. Nun sehen wir aber anhand von Kriegsereignissen, dass diese zivilisierte Schicht der gegenseitigen Wertschätzung noch hauchdünn im Vergleich zu den prägenden Umständen der vergangenen Jahrtausende ist: Das heißt, dass Männer, die die Erlaubnis zum offenen Kampf bekommen, wenige Hindernisse dazu überwinden müssen.

Wir wissen ebenso aus den täglichen Kriegsberichterstattungen aus aller Welt, dass es etliche Männer gibt, denen Kampf und Gewalt in allen Zellen zu sitzen scheinen und die sich freiwillig an die Front melden.

Handfeste Manipulation

Warum sollte diese Struktur vor den zwischenmenschlichen Beziehungen haltmachen? Und warum sollten gerade Männer, die durch Verluste verwundet wurden, nicht rücksichtslos für ihre Interessen kämpfen? Wer früher selten freundlich behandelt wurde, hat diese zwischenmenschlichen Muster in sich gespeichert. Er ist dadurch oft kaum in der Lage zu begreifen, wie viel Unheil und Leid er selbst anrichtet. So gibt es Männer, die gar nicht auf die Idee kommen, dass sie Unrecht begehen, wenn sie sich ihre Partnerin fast wie eine Sklavin halten. Sie sagen ihr, »wo es langgeht«, und dulden keinen Widerspruch. Ihr Repertoire reicht von dauernden Kontrollen mittels Handy über zu Hause einsperren, durch Drogen abhängig machen, dem häufigen Androhen von Gewalt bis zu Misshandlungen. Die Liste der männlichen Gewalttaten, die heimlich zu Hause stattfinden und von denen niemand etwas weiß, ist lang. Österreichische Statistiken aus dem Jahr 2005 zeigen markante Zuwächse in den Frauenhäusern, den letzten Zufluchtstätten der bedrohten und misshandelten Frauen und ihren Kindern. (»Frauenhäuser« gibt es in Deutschland seit 30 Jahren.) Natürlich liegt das auch daran, dass sich Frauen in zunehmendem Maß trauen, sich die Gewalt nicht mehr still gefallen zu lassen. Aber zu einem großen Teil ist häusliche Gewalt noch immer ein Tabuthema. Aus Scham wird geschwiegen. Die meisten flüchtenden Frauen kommen aus einkommensschwachen Familien und sind finanziell abhängig. Aber auch in bessergestellten Familien kommt Gewalt vereinzelt vor. Besonders schwierig ist die Situation von Migrantinnen.

Manchmal dämmert einem Wüterich, was er seiner Frau (mitunter im Rausch) angetan hat, und es folgen nach den Ausbrüchen Entschuldigungen und Besserungsversprechen. Es ist der puren Naivität mancher Frauen zu verdanken, dass sie den Beteuerungen glauben, auch wenn sie durch Jahre hindurch davon überzeugt wurden, dass sich im Grunde nichts ändert. Wer sich nicht in Therapie begibt, hat keinerlei Aussicht auf Veränderung, weil weder die alte Wunde verheilt ist, noch die »Seelenblindheit« gegenüber seiner Umgebung einem Mitgefühl weicht. Ohne Krankheitseinsicht bleibt alles beim Alten.

Die Lieblingstricks beider Geschlechter

Die geforderte Unterordnung

Ob Mann oder Frau mit der »Wunde des Verlustes« – eines haben sie gemeinsam: Sie versuchen Bedingungen für die Partnerschaft festzulegen und denken sich Sanktionen aus, wenn der andere nicht so mitmacht, wie sie es wollen. *Sie stehen so unter eigenem seelischen Druck, dass sie zu einem echten partnerschaftlichen Denken oder zu Toleranz nicht in der Lage sind.* Schuldgefühle erzeugen (»Was habe ich nicht alles für dich getan!«, »Ich habe dein Leben gerettet – jetzt bist du mir ewig verpflichtet!«) und Erpressungsversuche (»Ich bring mich um, wenn du mich verlässt!«) sind an der Tagesordnung. Dazu kommt manchmal auch die Angst vor einer schlechten Nachrede oder einem Prestigeverlust, wenn die Umgebung erfährt, dass man schon wieder verlassen wurde, und die Machtspiele werden daraufhin verschärft. Sowohl Frauen als auch Männer verbieten mitunter ihren Partnern, sich irgendwo auszureden oder »auszuweinen«. Manche begeben sich heimlich in Psychotherapie, da sie genau wissen, dass sie zu Hause auf keinerlei Verständnis dafür stoßen würden.

Grundsätzlich ist es individuell sehr unterschiedlich, wie viel Bindung oder Freiheit jeder Mensch braucht. Zwei Menschen, die in einer lebendigen Beziehung zueinander stehen, verbringen eine Menge Zeit damit, immer wieder die persönlichen gegenseitigen Ansprüche zu überdenken und neu zu justieren. Besonders wenn zwei Personen mit ausgeprägtem Willen aufeinandertreffen, ist es manchmal schwierig, die zwei verschiedenen Welten, aus denen sie kommen, einander anzugleichen. Bei Beziehungskonstellationen, wo einer der beiden unter Verlustangst leidet, herrscht aber meist der blanke Terror. Wenn einer fordert, dass der andere »gefälligst« sich den eigenen Wünschen unterzuordnen habe, wird die Liebe zwangsläufig getötet. Wer glaubt, dass er den anderen ändern kann, befindet sich in einem großen Irrtum. Menschen mit Verlustängsten würden sehr gerne garantiert und immer einen Anhang haben, der sie von der Angst befreit, auch einmal allein sein zu müssen. Dieses Unterfangen geht aber nur über das »Abwürgen« der Persönlichkeit des Partners. Im Laufe einer Beziehung wird die geforderte Solidarität sehr schnell überstrapaziert, und es kann der Punkt kommen, wo ein Partner erkennt, wie viele persönliche Möglichkeiten er bis jetzt hat brachliegen lassen und er nicht mehr bereit ist, sich ständig bremsen zu lassen.

Krankheitsgewinn

Rücksichtnahme gefordert Als sehr wirkungsvolles Mittel im Kampf um Geltung, Zuwendung oder Macht hat sich Krankheit erwiesen. Die Rücksicht fordernde Stellung als Kranker bringt manchen Männern und Frauen einen eindeutigen Gewinn. Man spricht deshalb von »Krankheitsgewinn«. Dieser innere Vorteil erspart häufig Konflikte, durch ihn kann man belastenden Situationen aus dem Weg gehen.

Schon Sigmund Freud zeigte am Beispiel einer von ihrem Mann unterdrückten Frau, wie diese durch vielfältige Symptome ihren Mann zu mehr Aufmerksamkeit zwang und sich gleichzeitig für die schlechte Behandlung an ihm rächen konnte.

Warum ist das so? Es gibt eben Menschen, die süchtig sind nach Bestätigung von außen und auf Macht über ihre Mitmenschen. In ihrer Kindheit haben sie erlebt, dass Kranke besonders viel Aufmerksamkeit und Rücksicht bekommen. Diese Erfahrung prägte sich im Verhaltensrepertoire für immer und ewig ein und wurde zum hauptsächlichsten Muster bei allen nur erdenklichen Schwierigkeiten. Mit viel Aufwand inszenieren sich die »Krankheitsgewinner« selbst so, dass sie *an das Verantwortungsgefühl der Umgebung appellieren*. Häufig findet man eine schwer durchschaubare *Mischung aus ein bisschen Leiden, echt wirkenden Gefühlen und einer großen Portion Berechnung*. So ist es für die Menschen des Umfelds nicht leicht zu erkennen, woran sie sind. Sie fühlen sich manchmal erst nach einiger Zeit »ausgequetscht«, irgendwie als Statisten missbraucht und der inneren Freiheit beraubt.

Maria fühlte sich nie genug beachtet. Sie stammte von einem **Beispiel** Bauernhof und war eines aus einer größeren Kinderschar. Die Eltern hatten neben ihrer Arbeit in der Landwirtschaft weder Zeit noch Kraft, sich um jedes einzelne Kind speziell zu kümmern. Die Mädchen waren überdies in dieser traditionellen Gesellschaft noch benachteiligter – sie mussten einfach nur als Arbeitskraft funktionieren. So paarte sich das Gefühl der Wertlosigkeit mit dem »Trauma des Vergessenwerdens«.

Maria konnte nun als Erwachsene von Lob nicht genug kriegen. Auch ihre normalen alltäglichen Arbeiten wurden von ihr dramatisiert, bis sich schließlich irgendjemand eine Anerkennung abrang. Das war aber nicht genug. Wie konnte sie im Mittelpunkt der Sorge ihrer ganzen Familie bleiben?

Eine kleine Herzunregelmäßigkeit kam ihr zu Hilfe und wurde zeitlebens zu einer großen Bedrohung ausgebaut. Maria musste geschont werden, Maria durfte in keinen Konflikt verwickelt werden, Maria durfte nie kritisiert werden und vor allem: Man konnte Maria nicht allein lassen!

Bei den kleinsten Anzeichen einer emotionalen oder physischen Entfernung bekam Maria ihre wohlbekannten Beschwerden, die sie so lange aufrecht hielt, bis die Gefahr gebannt war.

Wie die Eifersucht alles vergiftet

Ein gewisses Maß an Unbehagen gehört zu den normalen, gesunden Empfindungen, wenn die Solidarität in Beziehungen in Gefahr ist. Menschen mit Verlustängsten brauchen aber gar keine Auslöser von außen, wie drohende Seitensprünge. Für sie gehört die Eifersucht zum Alltag. Mitunter verlieren sie die Kontrolle über ihr Denken und Handeln. Ihr Selbstwertgefühl ist so verletzt, dass sie sich völlig unbedeutend fühlen. Durch ihr Urmisstrauen aus der frühesten Kinderzeit wittern sie überall Rivalen. Deshalb müssen sie *dauernd den Partner kontrollieren*. Über Zeitpläne wird manchmal ein ungeheurer Terror ausgeübt. Über jede Minute muss Auskunft gegeben werden.

Alles aus Liebe!

»Du musst mir immer genau sagen, wann du wo bist, sonst mache ich mir solche Sorgen!«

Diesen Satz haben so viele Menschen schon in ihrer Kindheit gehört, dass sie »betriebsblind« sind! Als Erwachsene geht ihnen dann etwas ab, wenn der Partner sich keine Sorgen machen würde. »Sorgen« werden geradezu als Gradmesser für die Liebe herangezogen.

Die Eifersüchtigen haben einen so tiefen Mangel an Vertrauen, dass sie wie Detektive herumspionieren und hinter jeder harmlosen Verhaltensweise ein böses Geheimnis ahnen. Spitzfindig werden nun angebliche »Zeichen« gefunden, normale Äußerungen umgedeutet. In unerträglicher Weise wird die Beziehung untergraben und oft auch zerstört. Sonderbarerweise ist das dem Eifersüchtigen unterbewusst noch lieber, denn so ist er nicht der passiv Erleidende, sondern wenigstens der aktiv Handelnde.

Sie kennen vermutlich jenen Spruch, der ins Schwarze trifft: »Eifersucht ist jene Leidenschaft, die mit Eifer sucht, was Leiden schafft!« Es gibt in diesem Spiel nur Verlierer…

Wir beide gegen den Rest der Welt

Von Feinden umgeben Manchmal finden sich auch zwei Menschen mit Verlustangst und klammern sich wie Hänsel und Gretel im finsteren Wald aneinander. Das wäre ja fast ein Glücksfall, denn in dieser Beziehung fühlt sich keiner der beiden vom anderen dominiert, sondern ist zufrieden über das hohe Maß an Sicherheit. Um ihre Beziehung aber weiter zu festigen, entwickeln sie manchmal paranoide Vorstellungen von der bösen Außenwelt. Wenn sie von lauter Feinden umgeben sind, ist es wohl am besten, sie bilden eine *»Kampfgemeinschaft« mit dem Motto »Wir beide gegen den Rest der Welt«.* Meist hatte einer der beiden Partner schon lange das Gefühl, von allen angefeindet zu sein. Manchmal hatte das sogar einen realen Hintergrund, wenn er zum Beispiel ein ungewolltes Kind war. Dieses »Trauma des Abgelehntwerdens« entwickelt sich im Erwachsenenalter nun bisweilen zu einem ausgewachsenen Verfolgungswahn. Was liegt näher, als einen Genossen oder eine Genossin zu finden, deren Struktur halbwegs dazupasst und den/die man von der Schlechtigkeit der Welt überzeugen kann. Stoff für diese Sicht der Umwelt ist reichlich vorhanden, man muss ihn nur überzeugend interpretieren. Auf diese Art entstehen politische Kleingruppen, religiöse Zirkel aller Art (von christlichen bis zu satanistischen Sekten) und eben auch Beziehungen, die nach dem Muster einer »Folie à deux«, eines »Wahnsinns zu zweit« gestrickt sind.

Markus war seiner Mutter »passiert«. Er kam zu einer Zeit zur Welt, wo er in die Karrierepläne seiner frisch geschiedenen Mutter überhaupt nicht hineinpasste. Darüber ließ sie auch nie einen Zweifel, denn sie gab Markus in alle möglichen Heime und später zu Zieheltern. Wen wundert es, dass Markus, der die alte Wunde des Verlustes stets in sich trug, sich immer liebesunwert fühlte. Als er ein Mädchen kennenlernte, das gerade im Begriff war, sich von zu Hause abzunabeln, setzte er seine ganze Überzeugungskraft ein, um sie an sich zu binden. Er vermittelte ihr seine Sicht der Dinge: »Wir sind von Feinden umgeben. Aber gemeinsam sind wir stark und werden ihnen trotzen!« Er bildete mit seiner (um viele Jahre jüngeren) Partnerin eine Art Kumpanei. Und irgendwie hatte es sogar etwas Abenteuerliches, wie das berühmte Verbrecherpärchen Bonnie und Clyde durch die Welt zu ziehen.

Beispiel

Für die beiden betroffenen Menschen mit Verlustangst scheint es wie in einem Schloss-Schlüssel-System zu passen. Die Grenzen nach außen werden verstärkt, und die Klammerbeziehung gibt ihnen Sicherheit. Fatal wirkt sich dieses Arrangement erst bei den eigenen Kindern aus, die eine völlig verzerrte Wahrnehmung der Welt vermittelt bekommen. Es wird ihnen beigebracht, dass man grundsätzlich allen Menschen misstrauen muss.

IV. Heil werden und Halt finden

Wahrnehmen und neue Ziele umsetzen

Es gibt etwas ganz Entscheidendes auf dieser Welt, nämlich dass Leben immer mit Wandel verbunden ist. In der Tat ist der Wandel das Einzige, das beständig ist. Die Kontinuität, die früher der Grundstein aller Werte war, weicht an vielen Stellen der Diskontinuität. Sicherheit und Geborgenheit sind keine Selbstverständlichkeit mehr.

Um sich erfolgreich auf das Wandlungsgeschehen einzustellen, muss man sich die drei Eckpfeiler klarmachen: Wahrnehmen – Wahrmachen – das Neue neu tun.

Und das sieht so aus:

- Als Erstes muss man die aktuelle *Wirklichkeit wahrnehmen.* Dazu muss man schonungslos hinsehen, »was ist«. Häufig ist einem das nicht ohne fremde Hilfe möglich, aber Psychotherapie und Selbsterfahrungsgruppen können sehr nützlich sein, auch die schwierigen, dunklen Punkte zu erkennen: also auch die Unklarheiten und die ungelösten Probleme.
- Als zweiten Punkt muss man sich die *Ziele* (Loslassen von alten Vorstellungen etc.) und die *dazugehörigen Schritte* in aller Deutlichkeit klarmachen. Es geht nicht um irgendeine verwaschene Zukunftsillusion, sondern um die einzigartige, persönliche Vision, wie das »Morgen« gestaltet sein soll.
- Schließlich geht es um die *Umsetzung*: und zwar nicht in gewohnter (und oft nicht zielführender) Weise, sondern in jener, die den neuen Zielen entspricht. Geben Sie sich die Chance, das Neue auszuprobieren.

1. Wie die Heilung einsetzen kann

— Gedankenimpuls

Zu Beginn ein jüdischer Sinnspruch:
Wer sein Leben leben will, der versehe sich mit einem Herzen, welches Leid gewachsen ist.
Der Mensch muss wissen, dass die Zeiten bald gut und bald schlecht sind.
Nur der ist achtenswert, der für das Gute dankbar ist und der das Böse zu ertragen versteht.

»Ein Herz, welches Leid gewachsen ist« – eine schöne Beschreibung für die in der psychologischen Literatur bekannte »Leidensfähigkeit«. Leiden zu können ist also eine Fähigkeit, die man als Kind oder auch erst später erwerben kann. Leiden bedeutet »sich einlassen« auf einen schmerzlichen Umstand und einen Umgang damit finden. Akzeptieren, etwas bei sich selbst oder in der unmittelbaren Umgebung verändern, trauern – das und einiges mehr sind Möglichkeiten, um mit dem ganz normalen Leid, das es in jedem Leben gibt, umzugehen. Menschen mit Verlustängsten haben nie gelernt, wie man durch die verschiedenen Phasen gehen kann und wie sich dabei etwas verändert. Sie müssen nun zwangsläufig nachreifen, wollen sie nicht in einer infantilen Form ihres Seelenlebens stecken bleiben!

Wie wir sahen, gibt ein neuerlicher Verlust im Erwachsenenalter oft erstmals die Möglichkeit, sich dem gegenwärtigen und endlich auch dem alten Schmerz zu widmen.

Ein Verlust wirft den Betroffenen auf sich selbst zurück. Man ist verlassen, bleibt zurück und fühlt sich einsam. Die gewohnte Beziehung, die ein wichtiger Teil des Lebens war und durch die man sich auch definiert hat, ist nicht mehr. Die innere Ordnung ist aus den Fugen geraten. Wie kann man sie nun neu herstellen? Eines ist klar: Die Neuorientierung erfordert ein hohes Maß an Selbsterforschung! Wenn man einfach über die Trennung hinweggeht, sie ignoriert und zur Tagesordnung übergeht, nimmt man sich nicht nur die Chance, bereichert aus der Krise hervorzugehen, sondern die schlecht verheilte Wunde kann jederzeit wieder aufbrechen.

Wer das eigene Leben vor dem Auseinanderfallen durch Schmerz und Verzweiflung bewahren möchte, *sich aktiv einer Wandlung* stellt, um die innere Unabhängigkeit zu erreichen, hat drei Möglichkeiten:

- Selbsthilfe,
- Unterstützung durch einen Partner, die Familie und Freunde und
- psychotherapeutische Hilfe.

Welche Form man auch immer für sich wählt, man muss auf jeden Fall die Situation ehrlich wahrnehmen, um dann in den Trauerprozess eintreten zu können.

Aus den eben angestellten Überlegungen ergeben sich vorderhand besonders zwei »Marschrichtungen« für den Heilungsprozess, nämlich das bewusste Akzeptieren und das Betrauern der misslichen Situation. Später kann man an die Entwicklung neuer Lebensstrategien denken.

Annehmen, was war und ist

Die Bedeutung der Trauer Allein das Wissen um die Tatsache, dass man ein Problem hat, lässt noch niemanden daran reifen. Wir haben in etlichen Beispielen gesehen, dass unverarbeitete Probleme oft nur noch weitere Probleme nach sich ziehen. Viele Menschen (vor allem die »Verdrängungsprofis«) fragen sich angesichts der zu erwartenden schmerzlichen Gefühle: Warum soll man noch einmal in die dunkle Tiefe abtauchen? Da sie keine positiven Vorbilder im Umgang mit seelischen Verletzungen haben, können sie nicht verstehen, dass die Akzeptanz eines Verlustes und die Trauer für jeden und für bereits traumatisierte Menschen im Besonderen absolut wichtig sind.

Wenn auch die Durchführung schwer ist, es gibt keine einzige sinnvolle Alternative, jedenfalls nicht die frühere »Nicht-Verarbeitung«.

Die seelischen Schmerzen kapseln sich ab, verändern sich häufig, werden zu psychosomatischen Krankheiten oder zu Verlustängsten, zu Misstrauen, Depression, Sucht oder zu anderen Beschwerden. Sie kommen immer dann zutage, wenn ihr »Besitzer« es überhaupt nicht erwartet und über das eigene Verhalten ziemlich irritiert ist. Auch wenn es viele nicht wahrhaben wollen: *Verdrängtes ist nicht verschwunden!*

So muss man *aus den Problemen Aufgaben machen* und sie dann konkret (oft auch mit Hilfe) lösen. Im Fall des schmerzlichen Verlustes eines Menschen oder wichtiger Zuwendung bedeutete das: *Wer die Trauer nicht ansprechen kann, darf oder will, hat sich damit Verlustängste eingehandelt.* Er konnte nicht lernen, wie man erfolgreich durch die verschiedenen Phasen der Trauer gehen kann. Nur wer die Trauer als Herausforderung ansieht, kann an ihr reifen.

Trauer wird aber dadurch, dass man sie vom Schleier des Tabus befreit, keineswegs angenehmer. Sie ist (zumindest anfänglich) die Antwort des Herzens auf einen schmerzlichen Verlust.

Anlässlich einer neuerlichen Trennung werden alte Traumaanteile wiederbelebt und kommen hoch. (Das kann man an den besonders starken Reaktionen, den sogenannten »Überreaktionen«, ablesen.) Für dieses »Wieder-zutage-Befördern« der alten Schmerzen müssen wir der neuen Verletzung fast dankbar sein. Denn nun kann bei der Heilung der neuen Wunde die ehemalige mitbehandelt werden. Sie ist somit greifbar geworden. Wenn man also der neuen seelischen Verletzung Raum zum Trauern gibt, *wenn man adäquat reagiert, wächst unmerklich »Haut« auch über die alte Wunde, sie heilt ab und muss jetzt und in der Zukunft nicht mehr als Altlast das Leben beschweren.* Natürlich ist es Schwerarbeit, trotz oft verwirrender Gefühle den Verlust anzunehmen, sich neu zurechtzufinden. Es gilt, sich als zunächst Entwurzelter wieder neu einzupflanzen. Und es ist schwer, die Gefühle der Verzweiflung, Wut und Trauer selbst auszuhalten und zum Teil auch seiner Umgebung zuzumuten. Wohl dem, der eine Begleitung findet, die stark und gleichzeitig einfühlsam genug ist, die Turbulenzen auszuhalten, bis man wieder in die neue Eigenständigkeit hineinfindet. Wer diesen Weg einmal erlebt hat, wird wie von Zauberhand von Verlustangst befreit sein.

Nicht-wahr-haben-Wollen Sehen wir uns nun das Akzeptieren und Trauern näher an.

Akzeptieren einer traurigen Situation will gelernt sein. Manche Menschen verharren besonders lang in der Phase des Nicht-wahrhaben-Wollens. Mit kunstvollen Argumenten tun sie, als ob alles in Ordnung wäre. Meist unterdrücken sie die chaotischen Gefühle. Wenn sie sich doch zu Wut, Enttäuschung, Schmerz oder Trauer durchringen, gibt es meist andere, die sehr schnell beteuern, dass kein Grund für diese »schwarzen« Empfindungen vorhanden wäre, denn »so sei der Gang der Welt!«

Kann man (trotz dieser widrigen Umstände) Menschen ermuntern, sich ihren Gefühlen zu stellen? Kann man ihnen, die durch Verlusterlebnisse geprägt sind, eine emotionale Hilfe geben?

Bei all den Trennungen kommen häufig Schuldgefühle der »Übriggebliebenen« hoch. So wird vielen in dieser Zeit bewusst, dass sie ihrem Kind, ihrem Partner, ihren Eltern im Laufe des gemeinsamen Lebens einiges schuldig geblieben sind – schuldig bleiben mussten, weil sie eben auch nur Menschen sind. *Aber gerade diese Schuldlast ist für viele schwer zu ertragen.*

Idealisierung Auch eigenartige Idealisierungen trifft man an: Die Verlorenen werden mitunter zu wahren Helden gemacht. Besonders Kinder, die von uns gegangen sind, sind angeblich bereits in einem ungewöhnlich frühen Alter durch außergewöhnliche Wesensmerkmale aufgefallen.

Falscher Ersatz Im Falle eines verlorenen Kindes ist es jedenfalls ganz falsch, sich in dieser Verfassung gleich ein »neues Kind anzuschaffen«. Dieses bedauernswerte Geschöpf hätte eine allzu schwere Bürde zu tragen. Ich kenne einige sehr schwierig verlaufene Lebensgeschichten, in denen Kinder dazu »missbraucht« wurden, Lücken zu stopfen. Sie wurden dauernd verglichen, und es wurde gewertet, ob sie wohl ein tauglicher Ersatz für das verlorene Kind seien! Kinder sollten immer dann erst das »Nest«

beleben, wenn die schwerstwiegenden Probleme der Eltern abgeheilt sind und beide Seiten eine Chance auf einen fairen Neuanfang haben. Das gilt genauso nach Scheidungen und dem schwierigen Zusammenwachsen von »Patchwork-Familien«.

Es ist interessant zu beobachten, dass es offenbar eine Instanz gibt (Sie können sie Gott, Karma oder auch die Lenkung des eigenen Unterbewusstseins nennen), die jeden Menschen immer wieder vor ähnliche Aufgaben stellt – so lange, bis man offensichtlich seine Lektion gelernt hat. Und wer nicht mit realen Konfliktsituationen konfrontiert wird, bei dem übernimmt die Traumtätigkeit diesen Part. Kennen auch Sie wiederkehrende Traumthemen? Dann gibt es unter Garantie ein ungelöstes Problem! Im Falle der »gerissenen Nabelschnur« bedeutet es, zu akzeptieren, dass Verluste notgedrungen zum Leben dazugehören und dass es möglich ist, sie zu betrauern und einen Neuanfang zu setzen.

Um der Bewältigung näher zu kommen, ist es wesentlich, dass es gelingt, sich mit den Beteiligten des ehemaligen Traumas innerlich zu versöhnen (auch wenn es in der persönlichen Konfrontation manchmal nicht mehr möglich ist). Versöhnen heißt aber nicht, dass man die alte, schwierige Situation verkleinert oder einfach beschließt, nicht mehr darüber nachzudenken (»Schwamm drüber!«). Es heißt vielmehr, dass man das Leid und auch das Verschulden (das eigene und das der anderen) ganz klar sieht und ausspricht – sich selbst gegenüber, seinem Tagebuch oder am besten mit einem Berater. Wir haben ja gesehen, dass Opfer- und Täterschaft sehr nahe beieinanderliegen, nahezu ineinander übergehen. Auch das muss man sich klarmachen, um einen neuen Anfang versuchen zu können und nicht permanent Leid weitergeben zu »müssen«. Versöhnen bedeutet, nun auch diese schwierigen psychischen Situationen aller (auch von sich selbst) zu sehen und sie als ein Teil der eigenen Biografie zu akzeptieren.

Es braucht also Zeit und Ehrlichkeit zu sich selbst, um in einen heilsamen Prozess des Akzeptierens und Trauerns einzutreten.

Zeitmaschine – alte Verletzung

(die man möglichst in mehreren Etappen machen soll, da sie sonst zu belastend ist. Dazwischen sollte man einige Zeit verstreichen lassen und sich immer wieder seinem Tagebuch anvertrauen.):

Stellen Sie sich eine Zeitmaschine vor. Sie können in diese Maschine einsteigen und sich mit ihr in ein beliebiges Alter bewegen.

Lassen Sie diese Zeitmaschine ganz langsam zurückfahren. Programmieren Sie sie auf vergangene Verletzungen. Die Zeitmaschine wird von selbst bei einer Szene, die Sie verletzt hat, stehen bleiben.

Sehen Sie sich nun die Szene genau an, in allen Einzelheiten. Und lassen Sie sich dann wieder in die Jetztzeit zurückfahren.

Sagen Sie sich: Es nützt nichts zu jammern!

Fragen Sie sich:

- Wie kann ich mit der alten Verletzung umgehen?
- Kann ich sie ablegen, weil ich sehe, dass ich nur mehr aus nostalgischen Anwandlungen an der Kränkung hänge, während sie sich mittlerweile eigentlich schon aufgelöst hat?
- Kann ich verzeihen (vielleicht weil ich merke, dass meine Bezugspersonen selbst gewaltig unter Druck standen)?
- Oder muss ich die Kränkung einfach akzeptieren? Aber kann ich in diesem Fall auch etwas daraus lernen? Was?

Meditation: »Alte Verletzungen heilen«

Eine Frage steht am Beginn: War jemand, dem Sie vertraut haben, in Ihrer Kindheit nicht da, als Sie ihn brauchten?

Stellen Sie sich nun eine Filmleinwand vor, und es wird diese Szene aus der Vergangenheit darauf erscheinen. Es wird wehtun, aber Sie erlauben diesem seelisch verletzten Kind seinen Schmerz auszudrücken. Nun nehmen Sie das Kind an der Hand und führen es aus dem Film heraus. Zeigen Sie ihm, dass es nun verstanden wird und und dass Sie es lieb haben. Wenn es auf diese Art gestärkt ist, führen Sie es wieder in den Film hinein, und Sie werden sehen, dass die Tröstung und Heilung einiges bewirkt...

Schreiben Sie (wie immer) alles genau auf!

Raum für die Trauer

Jeder Mensch trauert anders. Auch stellt ein und derselbe Trauerfall für jeden Menschen etwas anderes dar, abhängig von der persönlichen Vorgeschichte. Wie also kann man sich das »richtige« Trauern vorstellen?

Zunächst einmal:

Verluste, Abschiede, Trennungen – sei es von geliebten Menschen, Orten, Lebensphasen, Hoffnungen, Wünschen, nicht gelebten Möglichkeiten – schmerzen. Sie machen verzweifelt, zornig, starr, hoffnungslos und lassen einen oft allein zurück. Und sie *können* krank machen. Aber:

Trauer ist keine Krankheit (im Gegensatz zur Depression), sondern ein gesunder psychischer Prozess nach einem Verlust. Sie ist notwendig und heilsam. Trauer hat viele Gesichter und Ausdrucksmöglichkeiten wie Kummer, Angst, Wut, Schuldgefühle, Selbstaufgabe, Vorwürfe, Erleichterung... Trauer gehört zum Leben ebenso elementar dazu wie die Freude. Freude und Trauer begleiten den Menschen auf seinem Lebensweg, sie sind seelische Reaktionsweisen auf all das, was das Leben bereithält. Es wäre absurd, Freude zu unterdrücken, und genauso gehört es zur seelischen Gesundheit, der Trauer den ihr zustehenden Raum zu geben (auch wenn es sich um sogenannte dunkle Gefühle handelt).

Trauer ist ein gesunder Prozess

Wie fühlt sich Trauer an?

Trauer ist eine Mischung von Desorientierung, Einsamkeit, Beklemmung, Verlorensein, Schwere, Fehlen von Spannkraft, Wut, Zorn, Hoffnungslosigkeit und eventuell noch einigen anderen schwarzen Gefühlen wie Schuld, Grübeleien und dergleichen.

Natürlich braucht es Mut, sich diesen Gefühlen auszusetzen, insbesondere in der westlichen Gesellschaft, die nicht gerade auf Trauerprozesse vorbereitet. Das müsste aber nicht sein. Man könnte bereits Kindern vorleben, dass Trauern zum Leben gehört. Sie verlieren ja auch Gefährten, wie Spielkameraden oder Haustiere, und könnten dabei unter Anleitung an sich erfahren, dass die unterschiedlichsten Trauergefühle ganz normal sind. »Immer nur lächeln, immer vergnügt« ist eine Parole unserer Spaßgesellschaft, die dem Mut zum Trauern überaus hinderlich ist. Wie verständlich, dass deshalb viele Menschen angstvoll der Trauer entfliehen wollen und versuchen, sich krampfhaft abzulenken. Wie gesagt bedarf es der Bereitschaft, sich auf einen Prozess einzulassen, der mit Arbeit verbunden ist. Freud bezeichnete die Trauerarbeit als Schwerarbeit der Seele. Es geht um eine sehr persönliche Auseinandersetzung mit den Fragen des Lebens und Loslassens. Das braucht Zeit und Geduld. Der Trauerprozess hat seine eigene Dynamik und seine eigene ganz persönliche, individuelle Dauer. Es ist ein Wagnis, sich auf den Strom von Gefühlen und Gedanken einzulassen, aber dieser Weg ist auch ein Weg des Wachstums.

Verdrängen zahlt sich nicht aus

Wer sich nicht einlässt, sondern permanent versucht zu verdrängen und sich abzulenken, zahlt oft einen hohen Preis. Wo die Seele nicht zu ihrem Recht kommt, streikt oft der Körper: Schlafstörungen, körperliche Beschwerden, innere Rastlosigkeit deuten darauf hin, dass die Verdrängung offenbar nicht gelungen ist.

Männern werden in unserer Kultur noch weniger Gefühlsäußerungen zugebilligt als Frauen, die zumindest in den früheren Jahrhunderten viele eindrucksvolle künstlerische Darstellungen als »Muster« haben. Landauf und landab kann man in den katholischen Kirchen das von Gram verzehrte, leidvolle Gesicht der Muttergottes betrachten. Die Mater dolorosa, die schmerzhafte Mutter, hat viele Künstler inspiriert, und sie stellten in allen möglichen Variationen die stille Verzweiflung Marias über den Verlust ihres Sohnes dar. Sie wurde quasi ein Symbol für die »gerissene Nabelschnur«.

Wie verläuft nun die Trauer?

Aus der Beobachtung von trauernden Menschen kann man erkennen, dass es eine typische Abfolge von Phasen gibt, die bei jedem Menschen verschieden lang dauern können.

1. *Die Phase des Nicht-wahrhaben-Wollens*: Starr vor Schmerz befinden sich manche der Betroffenen als Erstes in einer Phase, in der sie versuchen sich einzureden, dass alles nur ein böser Traum wäre. Diese Art Gefühlsschock ist wie eine emotionale Anästhesie. Der Körper und die Seele schützen sich so vor der Überwältigung durch ein starkes Gefühl, mit dem sie nicht umgehen können.

2. *Phase der aufbrechenden, chaotischen Emotionen*: Heftige, mitunter widersprüchliche Gefühle wie Zorn, Schuld, Angst, Schmerz, Sehnsucht und Liebe können kurz hintereinander hochkommen und zeigen an, dass die Betroffenen den Boden unter den Füßen verloren haben.

3. *Phase des Suchens und Sich-Trennens*: Nach dem sich langsam beruhigenden Gefühlschaos sucht der Trauernde bewusst nach den Erinnerungen, betrachtet Fotos, besucht Örtlichkeiten, die ihn an den Verlorenen erinnern. Nun ist es möglich, sich in Gedanken mit dem Verlust zu beschäftigen. Es handelt sich dabei um einen langsamen Prozess des Integrierens der vergangenen Zeit in das neue Lebensgefüge.

4. *Die Phase des neuen Selbst- und Weltbezugs*: Nun beginnt die Zeit, in der der Trauernde wieder selbstständiger wird, der Verlust wird akzeptiert, neue Lebensmuster treten als Bereicherung in Erscheinung. Wenn der Schmerz leichter wird, ist es nötig, sich vom Ballast zu befreien. Wer leben statt nur existieren möchte, muss nun etwas Wertvolles, eine Kraft in sich wiederentdecken.

Phasen des Trauerns

Die einzelnen Phasen können selbstverständlich auch ineinander übergreifen, oder es treten Rückfälle auf. Auf jeden Fall ist es wichtig, alle Gefühle zuzulassen, denn wenn sie unterdrückt werden, kann es passieren, dass die abgewehrte Trauer in eine Depression umgewandelt wird. Dabei wird die nicht geäußerte

Aggression (zum Beispiel auf das Schicksal) gegen das eigene Ich gerichtet und löst Angst aus.

Es ist in jedem Fall ein tröstlicher Gedanke, dass sich die Trauer, der man sich stellt, verändert. Häufig wird sie nach einem Jahr etwas leichter. Man hat den Lauf des Jahres einmal erlebt und auch überlebt, man hat Weihnachten, Geburtstage und Jahrestage einmal überstanden, und das gibt einem ein bisschen Kraft, darauf zu vertrauen, dass man es im nächsten Jahr wieder überleben wird.

In der Trauer bleiben Ehrlichkeit zu sich selbst ist die erste Grundvoraussetzung für das Eintreten in den heilsamen Trauerprozess. Die zweite ist das Annehmen der Mühe, die mit der Trauerarbeit verbunden ist. Es fällt schwer, das Fehlen von Spannkraft zu ertragen, es fällt schwer, Tränen, Wut, Zorn auszuhalten, es fällt ebenso schwer, den bohrenden Fragen nach dem »Warum« nachzugehen, und es fällt schließlich schwer, tiefschwarze Stunden, Tage, Wochen zu ertragen. Phasen der Hoffnungslosigkeit, in der das Leben und Weiterleben scheinbar keinen Sinn mehr hat, leiten den Prozess ein. Damit muss man rechnen. Und wenn man »nachtrauern« sollte, wenn also die Trauerarbeit nach dem aktuellen Verlust nicht möglich war und jetzt nachgeholt werden sollte?

Für diesen schwierigen Prozess ist es in den meisten (vor allem den schweren) Fällen notwendig, von einem Psychotherapeuten unterstützt und begleitet zu werden. Er hilft, »dran«zubleiben, denn allein würde man in trüben Stunden sicher wieder den »Weg des geringsten Widerstandes« gehen. Das heißt: Man beschönigt die vergangene Situation, dichtet unbewusst dazu, lässt allzu Schmerzhaftes oder Peinliches weg oder bricht den Vorgang ganz ab.

Die vorher genannten Gefühle sind auch in der Nachbearbeitung vorhanden, allerdings nicht mehr so übersichtlich in Phasen getrennt. Schließlich hat man ja schon zu irgendeiner Form von »Leben danach« gefunden. So gibt es aber immer wieder Einbrüche in die unterbewussten Schichten, sonderbare Überreaktionen, die man dann (mit Hilfe) analysieren, verarbeiten und integrieren muss.

Aktuelles und nachgeholtes Trauern ist eben ein wichtiger, psychohygienischer Prozess.

So bedeutet Trauerarbeit immer auch, mit den eigenen kreativen Kraftquellen in Kontakt zu kommen, Beziehungen unter einem anderen Gesichtspunkt zu betrachten, auf eine neue Art zu leben und Abschiede anders gestalten zu lernen.

Gedankenimpuls

Wer sich nicht bewegt, spürt seine Fesseln nicht.

Wie bringt man die Trauer zum Fließen?

Gedankenimpuls

Nicht, weil es schwer ist, wagen wir es nicht,
sondern, weil wir es nicht wagen, ist es schwer.«
(Seneca)

Bevor man sich einem Psychotherapeuten anvertraut, kann man natürlich versuchen, ob man allein ein Stück des Trauerweges gehen kann.

In allen Trauerphasen ist es wichtig, dass die Trauer fließen kann. Nur wenn kein Gefühl zurückgehalten wird, kann sich die trauernde Person auch wandeln. Um die Trauer zum Fließen zu bringen, sollte jeder Trauernde *seinen eigenen, persönlichen Weg finden*. Für die eigene Kreativität soll es kein Hindernis geben. Es ist alles gut, was einem gut tut!

Es geht also darum, den Panzer um alte Verletzungen aufzubrechen und bei neuen seelischen Verwundungen gar keinen Panzer entstehen zu lassen.

Manche Menschen malen, zeichnen, andere musizieren, trommeln, hören Musik, meditieren. Einige brauchen unbedingt Bewegung: Sie gehen viel spazieren oder laufen. Andere wieder merken, dass sie beim Singen oder Tonarbeiten langsam still werden können, sich die Gefühle ordnen und auch ausgedrückt werden können.

Dazu möchte ich zwei kleine Übungen vorstellen, die jedem helfen sollen, sich seiner selbst zu besinnen und Kraft für einen neuen Anfang zu schöpfen.

Ein heilendes Feuer

Machen Sie ein kleines Feuer oder zünden Sie eine mitgebrachte Kerze an. Im Feuer kann Altes verbrennen und Neues entstehen. Aus Leid und Schmerz wird wieder Begeisterung für das Leben, für das Schöne und für die Natur. Wenn Altes verbrennen kann, ist Platz geschaffen für alles Neue, das einem lebens- und liebenswert ist. Ihr kleines Feuer steht für Ihre Begeisterungsfähigkeit und die Kraft Ihres neu gestärkten Lebenswillens. Und mit dem Anzünden der Kerze haben Sie, wie viele Menschen von alters her, die Verbundenheit zum Geistigen ausgedrückt. So kann jeder auch mit dem Entzünden einer Kerze die persönlichen Wünsche einer Hilfe von oben anvertrauen.

Wer möchte, kann auch eine kleine Räucherzeremonie machen, um sich von allen schädigenden Einflüssen zu reinigen. (In unserer bäuerlichen Kultur ist es seit langer Zeit Brauch, die Wohnräume und Ställe auszuräuchern, um sich von alten »Schlacken«, von schlechten Gedanken, Lieblosigkeiten, Neid und Missgunst zu befreien und neue Kraft einfließen zu lassen.) Wenn Sie wollen, können Sie ein Zettelchen mit dem Namen eines unliebsamen Gefühles, eines Rachewunsches oder eines Ihre Seele vergiftenden Gedankens dem reinigenden Feuer überlassen.

Gestärkt und befreit geht es nun zum entscheidenden Schritt: dem *»Weitergehen«*.

Es ist dabei nicht wichtig, welchen Weg, welche Richtung man wählt – wesentlich ist es aber weiterzugehen! Man kann nur der eigenen Intuition vertrauen und den ersten Schritt in eine Richtung machen. Trotz allem, was man schon erlebt hat, weitergehen! *»Ja« zum eigenen Leben sagen!* So wird aus tiefem Leid das Erleben der eigenen Kraft. Alles im Leben und auch jeder von uns ist ständigem Wandel unterworfen. Der erste Schritt in eine neue Richtung lässt den Schmerz

langsam überwinden (und ihn vielleicht auch aus ein bisschen mehr Distanz besser verstehen).
Jeder, der sich dazu entschließt, wird belohnt durch einen gestärkten Lebenswillen.

Bewältigungsstrategien am Beispiel Schreiben

Was kann man noch selbst zu einer Verarbeitung eines erlittenen Schocks und der Verlustangst beitragen?

Wir können uns Ratschläge von sterbenden Erwachsenen holen, die mit ihrem Übertritt in einen anderen Seinszustand meist viel besser zurechtkommen als ihre Angehörigen und Begleiter. So raten Menschen »an der Schwelle«, dass man nach all den Ablenkungen durch die nötigen Formalitäten nicht in Trauer verharren, sondern jeden Sonnenstrahl willkommen heißen soll. Die Traurigkeit hat oft eine Sogwirkung und zieht jeden seelisch hinunter, der nicht rechtzeitig versucht, sich an einer Hoffnung festzuhalten.

Eine wirkungsvolle Übung dazu entnehmen wir dem Wissen des »*Coping*«, also der Krankheitsverarbeitung. Unter Coping versteht man all jene bewussten Bemühungen der traumatisierten Menschen, die inneren und äußeren Belastungen zu meistern. Je nachdem, welche Bewältigungserfahrungen bereits im Repertoire der Betroffenen vorhanden sind, wird darauf aufgebaut, oder es werden neue Muster erarbeitet, um mit den belastenden Erlebnissen umzugehen. Manche konfrontieren sich mit dem Vergangenen und müssen sich über die »Ungerechtigkeit der Welt« Luft machen. Andere suchen soziale Unterstützung und Leidensgenossen, deren Solidarität ihnen beim Tragen des Schmerzes hilft. Wieder andere weichen aus und wollen auf das Problem nicht angesprochen werden. Viele (vor allem Männer) distanzieren sich früher oder später vom Erlebten und tun so, als ob ihnen nichts naheginge. Das bedeutet aber nicht zwangsläufig, dass der Schmerz damit verarbeitet ist. Um die Psyche von »Verkleisterungen« durch alte, belastende Gedächtnisspuren

Coping-strategien

und dem Gefühl der Ohnmacht zu befreien, gibt es einige »aufdeckende Verfahren«. Eines davon ist zum Beispiel die »*Traumabewältigung durch Schreiben*« von Buchmann. Durch einen Akt der Selbstöffnung können das aktuell Erlebte, aber auch alte Traumen sensibel aufgearbeitet und die (manchmal) ewige Opferrolle abgelegt werden.

Der folgende Text kann von Einzelpersonen, aber auch von Gruppen von Leidensgenossen mit und ohne psychotherapeutische Begleitung benutzt werden. Die Anregung eignet sich selbstverständlich nicht nur für Trennungstraumen, sondern kann für alle möglichen vergangenen Belastungen sinnvoll eingesetzt werden. Jede Leserin und jeder Leser dieser Zeilen kann Erfahrungen damit machen, je öfter desto besser. In der Therapie empfiehlt es sich, mindestens fünf Mal die Seele zum »Reden« zu bringen, bei besonders tief sitzendem Schmerz auch öfter.

Nun der etwas modifizierte Text nach Buchmann:

Übung

Sie haben in Ihrem Leben bisher vieles erlebt und mehr oder weniger gut überstanden. Bitte nutzen Sie die nächste halbe Stunde, um Ihre tiefsten Gedanken und Gefühle, die Ihr Leben betreffen, aufzuschreiben.

Schreiben Sie über alles, was Ihr Leben wesentlich beeinflusst hat: Liebe, Versagen, Schuld, Erfolg, Verlust, Schmerz, Enttäuschung, Peinlichkeiten, Verzweiflung ... Der Text bleibt bei Ihnen. Niemand soll ihn lesen.

Fangen Sie irgendwie an und kümmern Sie sich nicht um die genaue Abfolge. Lassen Sie los, schreiben Sie, was Ihnen einfällt, was sich Ihnen »in die Feder drängt«. Lassen Sie das, was Sie erlebt haben, in der Vergangenheit entstehen und schreiben Sie, wie dieses Erlebnis noch heute in Ihr Leben hineinwirkt (und vielleicht sogar in Zukunft noch Bedeutung haben wird). Was haben die Ereignisse aus Ihnen gemacht? Wie haben Sie sich verändert? Was haben Sie daraus gelernt? Können oder wollen Sie das Erlebte inzwischen annehmen? Vielleicht schreiben Sie auch, wie Sie es gerne gehabt hätten.

Alles, was Sie schreiben, ist absolut vertraulich. Nur Sie werden über das Geschriebene verfügen.

Achten Sie weder auf Satzbau noch auf Rechtschreibung, kümmern Sie sich nicht um Grammatik oder Handschrift.

Es gibt nur eine wichtige Regel: Fangen Sie an! Schreiben Sie ohne Unterbrechung mindestens 20 bis 30 Minuten lang!

Beim Schreiben über das Durchlebte kann jeder selbst dosieren. So werden die eigenen Bewältigungsstrategien nicht überfordert, sondern angemessen gestaltet. Es ist wissenschaftlich belegt, dass *»Ent-Äußerung« der traumatisch belastenden Erfahrungen der seelischen Gesundheit dient.* Die Selbstöffnung kann grundsätzlich auf verschiedene Arten geschehen. So zeigt zum Beispiel auch körperliches Ausagieren im Sport, Ausdruckstanz oder Malen gute Wirkung. Der Effekt des Schreibens scheint jedoch viel effizienter zu sein. Das hat zum einen den Grund, dass der Schreibende seine Gefühle in abstrakte Worte fassen, also das diffus Erlebte »beworten« muss. Dieser Vorgang bringt die Gefühle auf ein fassbares Niveau. Zum anderen werden durch das Schreiben *Zusammenhänge bewusst,* die erwiesenermaßen die Verarbeitung erleichtern. (Es hat sich zum Beispiel im wissenschaftlichen Versuch gezeigt, dass die Schreibenden in zunehmendem Maß Worte wie »weil« oder »denn« benützten. Das bedeutet, dass sie Gedanken, die vorher zusammenhanglos immer wieder in ihnen auftauchten, miteinander sinnvoll verknüpften. Einzig und allein durch das Schreiben bahnten sich also »Aha-Erlebnisse«, Verständnis für das Vergangene an.)

Es kann sein, dass Sie beim Schreiben und auch Stunden danach sehr aufgewühlt sind. Das ist gut so, denn wenn Lernprozesse angestoßen werden, muss die alte, zementierte Spur aufgebrochen werden. Nur so kann Neues entstehen. Verschweigen, Leugnen, bewusstes und aktives Zurückhalten von Belastungen erzeugen emotionalen Stress. Diese bewussten und auch die unbewussten Mechanismen schlucken *Energie, die für ein befreites und glückliches Leben nicht zur Verfügung steht.* Die Anstrengung, den Schmerz hinunterzudrücken, führt zu emotionalen Hemmungen, zu körperlichen und seelischen Verspannungen und zu psychosomatischen Störungen.

Zuerst stärken Sie sich durch eine Entspannungsübung oder einfach durch zehn tiefe Atemzüge.

Dadurch bekommen Sie den Mut, sich dem Kommenden zu stellen.

Versuchen Sie sich von den Alltagsgedanken frei zu machen. Schließen Sie die Augen.

Werden Sie sich zuerst über Ihre Bedürfnisse klar. Dadurch kommen vermutlich auch enttäuschte Hoffnungen hoch, die der geheime Kern für innere Schmerzen sind.

Vielleicht kommen Tränen, die Ihr Leid »ausspülen«. Oder Sie stellen sich eine Art »Zauberdusche« vor, die allen seelischen Ballast von Ihnen wegspülen kann.

Nun ist die Zeit gekommen, um eine Lebensphase zu verlassen und eine andere zu betreten.

In dieser Neuorientierung nehmen Sie wahr, was Sie durch das Leid gelernt haben und wie Sie nun das Leben wieder mehr in die Hand nehmen können. Sie können jetzt die Trauer nicht nur als Verzweiflung, sondern auch als Chance erleben. Vielleicht haben Sie etwas Wesentliches erfahren und können den Anfang des weiteren eigenen Lebensweges erspüren.

Schreiben Sie im Anschluss wieder alles genau in Ihr Tagebuch.

2. Wie man der Verlustangst selbst zu Leibe rücken kann

Es ist eine ziemlich schwierige Frage, ob man allein aus den seelischen Verletzungen herauskommen kann oder ob es besser ist, fremde Hilfe anzunehmen. Diese Frage lässt sich deshalb nicht einfach beantworten, da sowohl die alten wie auch die akuten Wunden bei jedem sehr unterschiedlich ausgeprägt sind. Daher: Bei erträglicher Verlustangst, die aus früheren Erlebnissen resultiert, und bei Trennungen, die vielleicht schon erwartet wurden und das Innerste der Seele nicht wirklich berühren, wird es eventuell möglich sein, sich mit den *Selbsthilfemaßnahmen* (denen wir uns gleich zuwenden werden) aus dem »Sumpf« zu ziehen. Sind die alten und neuen Wunden aber größer, ist man gut beraten, sich von einem »Profi« die Hand reichen zu lassen. Manche spüren gleich, dass sie überfordert sind, und brauchen akute Traumatherapie oder Krisenintervention. Andere versuchen erst einmal die eigenen Möglichkeiten auszuschöpfen und wenden sich dann erst an eine Fachfrau oder einen Fachmann. Jeder Weg ist gut, der einem dazu verhilft, das Trauma nicht als Bürde weiterzutragen und es eventuell sogar zu »vererben«.

Das Motto lautet: Lernen Sie, mit Ihrer Angst umzugehen und nicht, sie zu umgehen.

Die eigenen Ressourcen sind wichtig!

Je nach Vorerfahrungen, Schweregrad der alten Wunde sowie inneren und äußeren Bedingungen der aktuellen Trennung werden wir nun versuchen, die Probleme anzugehen und sie sanft aufzulösen versuchen. Zuerst einmal müssen wir sehen, welche *gesunden Anteile*, welche *Ressourcen* in den Betroffenen selbst vorhanden sind.

Hilfe durch Selbsthilfe

Ressourcen sind die in jedem Menschen liegenden individuellen Fähigkeiten, Wahrnehmungs- und Erlebnisweisen sowie die spezielle Art zu denken, die als die Kraft eines Betroffenen bezeichnet werden kann. Alle Eigenschaften und Erfahrungen, die irgendwie hilfreich sein könnten, um ein bestimmtes Problem zu lösen, sollten in den Prozess der Verarbeitung eines Leides nutzbar gemacht werden. Es sind die gesunden Anteile, die sowohl in der Selbsthilfe als auch in der Therapie zum Tragen kommen. In der Psychologie spricht man von einem »Ressourcenorientierten Ansatz«, wenn nach den persönlichen Selbstheilungskräften gesucht wird. In den eigenen Bemühungen um eine Besserung greift jeder Betroffene unbewusst nach den Lösungsansätzen, die schon im Inneren gespeichert sind.

In allen weiteren Überlegungen wird es daher auch darum gehen, wie man an diese Selbstheilungskräfte kommen kann und wie die Gefühle zum Fließen gebracht werden können.

Freude ist eine der wichtigsten Ressourcen. Machen Sie daher folgende Visualisationsübung:

Übung   **Zeitmaschine – Freude**

Setzen Sie sich bequem hin, machen Sie die Augen zu und atmen ein paar Mal tief durch.

Dann stellen Sie sich vor, Sie sind in einer »Zeitmaschine«. Diese fährt langsam mit Ihnen in Ihrer Lebensgeschichte zurück und findet glückliche Augenblicke. Halten Sie die Zeitmaschine an, wenn sie bei einer Freude angelangt sind. Schauen, hören, fühlen Sie ganz genau. Was war rundherum? Wie waren Ihre Voraussetzungen für Ihr damaliges Glück? Genießen Sie ihr Gefühl, füllen Sie sich ganz damit an.

Wenn es für Sie passt, lassen Sie die Maschine wieder in die Jetzt-Zeit zurückkehren. Sie können ein anderes Mal fortsetzen und eine weitere Freudenquelle der Vergangenheit aufspüren.

Dehnen und strecken Sie sich, um wieder ganz wach zu werden.

Im Anschluss malen Sie ein »Freudenbild«, das Sie sich später an gut sichtbarer Stelle aufhängen oder aufstellen können, um immer wieder aufzutanken, wenn sie es ansehen.

Wenn Sie nicht malen wollen, dann schreiben Sie zumindest das Erlebte auf, um es im Gedächtnis besser zu verankern.

Ich bin für mich selbst verantwortlich

Selbst-
verantwortung
übernehmen

Nach Klarheit und Trauer, Abschied von der Vergangenheit muss ein ganz entscheidender Schritt folgen. Ohne ihn kann kein Neuanfang gelingen: nämlich, dass man die beteiligten Personen der vergangenen Traumen aus ihrer Verantwortung für das Heute entlässt. Sie sind nicht mehr zuständig, ob es mir jetzt gut oder schlecht geht. Es ist ganz wichtig, sich an diesem Punkt dafür zu *entscheiden, dass man ab jetzt als Erwachsener für sich und die Gestaltung seines Lebens zur Gänze die Verantwortung übernimmt.* Nur so lernt man, sich selbst anzunehmen, genau so, wie man ist: mit allen guten und schlechten Seiten, ebenso mit allen Verletzungen, die man auch für einen Lernprozess nützen könnte. Nun kann, darf und soll man sein Leben selbstbewusst, selbstbestimmt und kreativ gestalten. Aus diesem Anerkennen und Gestalten entsteht Befreiung für alle Beteiligten. Schließlich geht es darum, in einer reifen Haltung zu sich selbst sowohl die Opfer- als auch die Täteranteile in sich zu integrieren, zu wissen, dass sie zu einem gehören.

Als Erwachsener die Verantwortung über die eigene Zukunft zu übernehmen bedeutet, dass man sich über folgende Punkte klar wird:

- *Ich kann Beziehungen beeinflussen.* Ich bin nun nicht mehr hilflos ausgeliefert, dass Menschen bei mir bleiben oder sich entfernen, außer durch den Tod. Ich muss dabei weder tricksen noch Terror ausüben, aber ich kann mich so verhalten, dass manche Menschen (gewiss nicht alle) mich schätzen und meine Nähe freiwillig suchen. Ich kann aber auch selbst Beziehungen abbrechen oder auslaufen lassen. Ich habe als Erwachsener die Möglichkeit und auch die Macht dazu. Ich bin selbst Herr über mein Beziehungsnetz.

- *Ich kann Kontinuität selbst aufbauen.* Wenn ich es brauche, sicher »gebunden« und geborgen zu sein, kann ich daran arbeiten. Es liegt nun als Erwachsener an mir, konstante Beziehungen zu schaffen. Nicht nur Menschen geben mir ein festes Netz – es gibt auch eine Menge anderer Möglichkeiten. Ich kann Vereinen beitreten, mich in Kirchengemeinden engagieren, mich in politischen Parteien nützlich machen oder mich einer der vielfältigen Interessengruppen anschließen, in denen die Teilnehmer miteinander Sport machen, Spiele spielen, wandern, ins Museum oder Theater gehen, den Chorgesang pflegen, Jazz spielen, tanzen, über ihre Erfolge bei der Zucht von Brieftauben sprechen ...

Es gibt viele Möglichkeiten, sich zu verankern. Und wenn man sich umsieht, werden diese Möglichkeiten von manchen auch eifrig genutzt. Etliche sind in zehn und mehr Vereinen verankert. Falls es eine Krise in einer Gruppierung geben sollte, sind noch genügend andere vorhanden. Ein sehr probates Mittel!

■ *Ich kann es selbst steuern, dass meine Angst vor Verlust zum Thema wird.* Als Erwachsener muss ich nicht das gleiche fatale Muster der Verdrängung übernehmen wie meine Bezugspersonen anno dazumal. Wenn ich Angst habe, werde ich darüber sprechen. Vielleicht gibt es geduldige und verständnisvolle Freunde, die ich in meine Ängste einweihen kann. Und wenn ich niemanden Einzelnen »belasten« will, suche ich mir eine Selbsthilfegruppe oder einen Psychotherapeuten. Dort bin ich mit Sicherheit keine Belastung, sondern ich habe das Recht, meine Angst in den Mittelpunkt zu stellen.

Ablösung muss sein

Selbstwerdung zulassen

Es geht nicht darum, den Hass auf die Eltern zu schüren, sondern endlich erwachsen zu werden, Selbstverantwortung zu übernehmen. »Sich häuten können« ist ein treffendes Bild für Wandlung. Das bedeutet, dass man aus der alten Haut, der Familienhaut, der Haut, die mit elterlichen Komplexen behaftet ist, fahren muss. Man muss diese alte Haut abwerfen, um die eigene Haut tragen zu können.

Alle Eltern haben das Recht, ihren maßgeschneiderten Lebensstil zu finden (auch wenn er noch so selbstschädigend ist). Das Dilemma dabei ist Folgendes: Die Eltern haben viele Jahre gebraucht, um diesen Stil zu erarbeiten. Meist ist er die für sie einzige taugliche Möglichkeit, um mit ihren eigenen Wunden, ihren alten Verletzungen zurechtzukommen. Dann glauben die Eltern, dass der (für sie richtige) Stil allgemein der beste sei – auch für ihre Kinder. Sie sind der Meinung, »viel Weisheit« angesammelt zu haben, und möchten natürlich ihre Einsichten weitergeben. Wenn Kinder dann aber anders leben wollen, sind die Eltern beleidigt und fühlen sich in ihrer ganzen Identität, in ihrem »So-Sein« abgelehnt.

Auch wenn Eltern in guter Absicht und reinem Gewissen agieren – die nächste Generation *muss* irgendwann aus den Mustern der Eltern aussteigen und etwas Neues entwickeln. Sie werden dabei immer auf den Widerstand der Eltern, die sich infrage gestellt fühlen, stoßen.

Trotzdem steht diese Lebensaufgabe an. Es geht nicht, die Bewältigungsstrategien der Eltern voll zu übernehmen und gleichzeitig ein »angemessenes« Leben zu führen. Denn der eigene Stil muss dem Partner, dem Kind, dem Beruf, der heutigen Zeit, den anderen Lebensumständen gerecht werden.

Erkennen der eigenen Glaubenssätze

Irgendwann im Leben kommt (hoffentlich) jeder zu dem Schluss, dass er keinem anderen die Schuld an der eigenen Misere geben kann. Weder Eltern, Partner, Chef noch Feind haben einem für ewige Zeiten das Leben vergiftet – man ist es fatalerweise selbst, der die größten Hindernisse schafft. Es sind die geheimen, unausgesprochenen Glaubenssätze, die dazwischenfunken. Diese Gedanken und Zweifel legen sich in den Weg. Da kann zum Beispiel jemand, der so gerne eine Familie haben möchte, aber es nicht realisieren kann, erkennen, dass er tief im Herzen die Überzeugung trägt: »Eine Familie ist erdrückend!« Solange dieser Satz nicht als Störsender erkannt und als irreale Verallgemeinerung entlarvt wird, arbeitet er als Gegenkraft.

Eine ganzheitliche Veränderung beginnt daher im Schritt zurück, bei der Rück- und Hinschau, um die alten Wertsysteme zu entlarven.

Hinderliche Überzeugungen

Gedankenimpuls

Wenn Muster durchbrochen werden, entstehen neue Welten.
(Tilly Kupferberg)

Mit Entspannung den Stress vermindern

Entspannung wirkt gegen die Angst Wie bei jeder Angsterkrankung ist es auch bei der Verlustangst nicht nur hilfreich, sondern notwendig, sich eine wirkungsvolle Entspannungstechnik anzueignen. Durch sie kann man *in kritischen Situationen, wenn die Angst einen zu überfallen droht, etwas entgegensetzen.*

Entspannungskurse werden vielerorts angeboten, vor allem in Volkshochschulen oder anderen Einrichtungen der Weiterbildung und von vielen Psychotherapeuten. Die Qualität des Gebotenen ist allerdings sehr unterschiedlich, daher lohnt es sich, genau zu schauen, wie die Ausbildung der Kursleitung beschaffen ist, um tatsächlich ein potentes Mittel zur Selbsthilfe in die Hand zu bekommen.

Es ist eine Tatsache, dass alle Angstkranken und daher auch die Verlustangst-Betroffenen unter ständiger oder zumindest häufiger Anspannung stehen. Bei Alltagsstress, einem Schlafdefizit oder Überarbeitung braucht es manchmal nur einen geringen spezifischen Auslöser, um die Verlustangst zum Ausbruch zu bringen. Mitunter kommt die Angst in paradoxer Weise erst nach einem stressreichen Ereignis (zum Beispiel beim Hinlegen nach vollbrachter Arbeit) zum Vorschein.

Es ist daher nötig und sogar unumgänglich, sich darüber Gedanken zu machen, wie man diesem Stress entgegenwirken kann. Strategien zur Stressbewältigung sind nach zahlreichen Studien dann erfolgreich, wenn sie ein Verständnis für Zusammenhänge zwischen der Angst und ihren Auslösern, aber auch die Kontrollierbarkeit von Angstsituationen vermitteln. Stress hängt oft mit Unsicherheit zusammen.

Manchmal gelingt es sogar schon, die übermäßige Ausschüttung des Stresshormons Cortisol zu stoppen, wenn man in »ohnmächtig«machenden Situationen irgendetwas tut beziehungsweise etwas, das man vorher noch nicht versucht hat.

Folgende Schritte zur Bewältigung von psychischem Stress stehen Ihnen offen:

- Unterscheiden Sie zwischen jenem Stress, der durch Ihre Lebenssituation gegeben ist, und jenem Stress, der letztlich durch Ihre Denkmuster bewirkt wird.
- Analysieren und ändern Sie jene Denkmuster, die den größten Stress erzeugen (zum Beispiel ständige »Was-wäre-wenn«-Gedanken).
- Achten Sie auf Zeiten der Erholung.
- Versuchen Sie, Ihre Anspannung durch körperliche Bewegung abzureagieren.
- Lernen Sie, die ersten körperlichen, seelischen und gedanklichen Anzeichen von überforderndem Stress zu erkennen, um rechtzeitig gegenzusteuern.
- Erlernen Sie eine Entspannungsmethode.

Die Progressive Muskelentspannung nach Jacobson

Als Beispiel für eine gelungene Entspannungstechnik wollen wir einen Blick auf die Progressive Muskelentspannung werfen.

Eine bewährte Methode

Sie ist ein Entspannungsverfahren, das von der fühlbaren Spannung und Entspannung der Willkürmuskulatur, also jener Muskeln, die jeder willentlich betätigen kann, ausgeht. So wird zum Beispiel eine Faust geballt und die Spannung in allen Teilen dieser Hand wahrgenommen. Dann wird diese geballte Faust wieder gelöst, und jeder spürt mühelos, wie das Blut wieder warm in die gelockerten Finger fließt und wie sich schließlich die entspannte Hand anfühlt, wenn sie auf der Unterlage aufliegt.

In dem Wechsel zwischen Spannung und Entspannung verschiedener Muskeln wirkt der parasympathische Effekt der Entspannung der sympathikoton bedingten Angstreaktion entgegen und versucht sie aufzulösen (das heißt, der eine Teil des vegetativen Nervensystems, der Parasympathikus, neutralisiert die stresserzeugende Wirkung des »Gegenspielers« Sympathikus). Auf diese Art wird eine Reihe von Muskelgruppen von Kopf bis Fuß gelockert.

Edmund Jacobson (1885 – 1976) erforschte, dass Angststörungen immer von übermäßigen Muskelspannungen begleitet sind. Er suchte nach einer Trainingsmethode, die es den Klienten ermöglichte, ihre Tätigkeiten unter besseren, entspannteren Bedingungen zu verrichten, und entwickelte die Progressive (also vorwärtsschreitende) Muskelentspannung.

Beim Erlernen dieser Technik sollte nun Wert darauf gelegt werden, nicht nur die Veränderungen der Muskelzustände genau wahrzunehmen, sondern im Besonderen den Muskelspannungen, die mit Angst einhergehen, vermehrt Aufmerksamkeit zu schenken. Es soll jeder so geschult werden, dass die körperlichen Empfindungen für ihn allmählich zum Hinweisreiz werden, wenn etwas droht »aus dem Lot zu kommen«. Er oder sie lernt, wann es sinnvoll ist, Entspannung gegen jede Art von Unbehagen, aber besonders gegen die Verlustangst, einzusetzen. Auf diese Art wird ein Frühwarnsystem entwickelt, denn in der Muskulatur zeigt sich die innere Spannung eher und deutlicher, als sie den Betroffenen bewusst wird.

Zwei Faktoren sind für die Progressive Muskelentspannung nötig:

1. Die willentliche abwechselnde Spannung und Entspannung verschiedener Muskelgruppen. (Dadurch wird es möglich, die Veränderung genau wahrzunehmen und auch kleine Restspannungen zu lösen.)
2. Der Lernvorgang beziehungsweise der Übungseffekt, der langsam eine Umstellung im körperlichen und seelischen Bereich ermöglicht. (Es ist daher notwendig, sich wirklich die nötige Zeit für die Lernphasen zuzubilligen. Im Schnellverfahren ist Umlernen nicht möglich.)

Manchmal gibt es störende Gedanken, die zu verhindern versuchen, dass man sich auf die körperliche Wahrnehmung konzentriert. Da gibt es ein paar wirkungsvolle Tricks.

Zu Beginn der Entspannung (oder nötigenfalls auch zwischendurch) kann man sich die folgenden Sätze innerlich vorsagen und sie sich auch bildlich vorstellen:

Die störenden Gedanken

- werden wie die Blätter im Herbst vom Wind weitergetragen,
- lösen sich auf wie Nebel,
- ziehen dahin wie die Wolken am Himmel,
- werden von einem Bach weggespült,
- werden eingepackt und im Keller oder auf dem Dachboden abgestellt.

All diese Vorstellungen unterstützen das Loslassen. Sie zeigen an, dass die Gedanken zwar nicht verboten sind, aber dass man sich auch wieder von ihnen trennen kann.

Diese inneren Sätze eignen sich auch vorzüglich gegen die hartnäckigen Grübeleien, die für Verlustangstgeplagte leider zum Alltag gehören.

Wie bekommt man die lästigen Grübelzwänge in den Griff?

Es ist eine Tatsache: Menschen mit Verlustängsten neigen zu langen und schmerzlichen Grübeleien. In Gedanken werden allerlei Horrorszenarien ausgedacht und durchgespielt. Ob es sich nun um einen fantasierten Unfall handelt, der einem den wichtigen Partner entreißt, oder um eine Krankheit mit Todesfolge, seien es Intrigen, die die Beziehung auseinanderbringen, oder Verführungen aller Art, die einem den Partner, die Partnerin oder die Kinder entfremden – alles wird in den buntesten Farben ausgemalt. Die Grübeleien sind wie eine Folter, denn sie lassen die Angst immer wieder aufleben.

Regeln gegen das Grübeln

Das Fatale ist, dass diese trüben Gedanken zu jeder Gelegenheit und zu jedem Zeitpunkt auftreten können und daher den Eindruck vermitteln, dass man ihnen hilflos ausgeliefert ist.

Gibt es denn da gar kein Gegenmittel?

Gott sei Dank hat sich die Verhaltenstherapie einiges dazu einfallen lassen, und die Erfahrung zeigt, dass man zwar nicht zaubern, aber mit einiger Konsequenz durchaus den quälenden Grübelzwängen zu Leibe rücken kann.

Die Lerntheorie besagt, dass Menschen, die in einer bestimmten Situation einige Male dasselbe getan haben, eine Koppelung zwischen der Situation und der Handlung erzeugen. Wenn zum Beispiel jemand beim Fernsehen immer etwas knabbert, dann stellt sich insofern eine Koppelung (also eine gelernte feste Bindung) ein, als Fernsehen und Knabbern zusammengehörig erscheinen. Wenn er nun den Fernseher einschaltet, wird sich sehr bald Appetit auf Knabbereien einstellen, auch wenn kurz vorher eine durchaus ausreichende Mahlzeit gegessen wurde. Genauso gehören für manche Menschen zum Kaffee eine Zigarette, zum Lesen Süßigkeiten, zur Arbeit in der Küche Radiomusik, zum Urlaub das Meer, zur Fußballübertragung das Bier und vieles andere mehr. Zwei Faktoren werden so zusammengefügt, dass sie in Zukunft zueinandergehören, obwohl sie ursprünglich nicht zwangsweise verbunden waren. Aber: Alles, was gelernt wurde, kann man grundsätzlich auch wieder verlernen oder »entkoppeln«. Zumindest kann man lernen, die Rahmenbedingungen zu kontrollieren.

Diese Theorie macht man sich auch in der Frage der Grübelzwänge zunutze: Man räumt den Grübeleien einen ganz bestimmten Rahmen ein und verbietet sich gleichzeitig das Grübeln im »Wildwuchs«. Es ist ein Akt der Selbstkontrolle, sich nur noch zu einer ganz bestimmten Zeit und unter bestimmten Voraussetzungen Sorgen zu machen.

Dazu gibt es fünf Regeln, die Sie gleich (mindestens) eine Woche ausprobieren könnten, wenn Sie zu den Betroffenen gehören:

- Achten Sie tagsüber genau auf Ihre Gedanken und lernen Sie bereits die Anfänge von Grübeleien zu erkennen.
- Setzen Sie jeden Tag eine halbe Stunde an, die Sie mit intensiven Sorgen verbringen – womöglich immer am selben Ort, aber auf jeden Fall zur selben Tageszeit.
- Wenn Sie sich beim Grübeln erwischen, dann schieben Sie es auf, bis die Zeit dafür gekommen ist.
- Lenken Sie sich von den störenden Gedanken ab, indem sie

sich auf Ihre Arbeit oder etwas in Ihrer Umgebung konzentrieren.

- Und schließlich nutzen Sie die tägliche halbe Stunde, um sich über konkrete Probleme Gedanken zu machen.

Das Ziel dieser Übung ist, den Prozess des Grübelns vom Alltag zu isolieren und nur unter bestimmten Bedingungen zuzulassen. Außerdem soll das Grübeln über fantasierte Situationen durch das Nachdenken von tatsächlichen Problemstellungen ersetzt werden. Denn natürlich muss man manche Aufgaben lösen und daher auch über Problembewältigungen nachdenken, aber das ist etwas völlig anderes wie Grübeleien, die sich dauernd im Kreis drehen.

Versuchsreihen haben ergeben, dass die Testpersonen tatsächlich wesentlich weniger grübelten und sich dadurch entlastet fühlten. Außerdem hatten sie das Erlebnis, aktiv eingreifen zu können, und fühlten sich ihren Stimmungen gegenüber nicht mehr so ausgeliefert.

Und was tun Sie, wenn Sie sich tatsächlich beim Grübeln erwischen? Bleiben Sie im »Hier und Jetzt«! Das bedeutet: Konzentrieren Sie sich auf die Gegenwart statt auf die Zukunft!

- Beobachten Sie, was im Moment um Sie herum geschieht.
- Sprechen Sie mit sich selbst und kommentieren Sie, was Sie jetzt spüren.
- Bewegen Sie sich: Jede Form von Gymnastik – Tanzen, schnelles Gehen, Treppensteigen, Rad fahren oder andere Ihnen angenehme Bewegung – ist hilfreich.

Im Folgenden gibt es noch mehr Tipps:

Gedankenstopp

Der bewährte und bekannte »Gedankenstopp« hat schon vielen Menschen, die zum Grübeln neigen, geholfen.

Dazu bedarf es allerdings einer kleinen Vorbereitung. In einem

Einüben des Gedankenstopps

neutralen (angstfreien) Moment bereiten Sie sich eine angenehme Vorstellung vor. Das kann eine Szene aus dem letzten Urlaub sein, das innere Bild Ihres Blumentopfs auf dem Fensterbrett, das kuschelige Fell Ihres Hundes oder Ihr Lieblingslied – alles, was Ihnen gute Gefühle vermittelt, ist geeignet.

Wenn Sie nun in der Situation sind, dass die kreisenden Gedanken Ihr Gehirn überschwemmen, dann *sagen Sie innerlich klar und deutlich »Stopp«* und setzen dazu auch einen körperlich spürbaren Impuls. Zum Beispiel greifen Sie mit der rechten die linke Hand kräftig an, oder Sie kneifen sich merkbar (nicht schmerzlich) in den Oberschenkel. Auf die genannten zwei Arten haben Sie den Grübelgedanken zunächst einmal unterbrochen. Das ist der erste Schritt. Nun kann man bekanntlich nicht »nichts« denken. An die Stelle des gestoppten Gedankens setzen Sie nun den vorbereiteten, angenehmen Gedanken oder das innere, sinnlich erfahrbare Bild.

Vielleicht hilft der Gedankenstopp nur für kurze Zeit und Sie müssen ihn wiederholen, aber Sie haben zumindest eine Waffe gegen Ihre Angst machenden inneren Visionen in der Hand.

Üben Sie auch dann, wenn es Ihnen einmal nicht so gut geht. Schwankungen sind normal! Führen Sie Ihr Trainingsprogramm unabhängig von Ihrer Befindlichkeit durch. Sie brauchen die Erfahrung, dass Sie Ihre Ängste auch dann bewältigen können, wenn diese nach vorübergehender Besserung in einem Stimmungstief wieder vermehrt auftreten sollten. Rechnen Sie mit Rückschlägen, ohne dass Sie sich davor fürchten, und nutzen Sie diese als Chance, daraus zu lernen, wie Sie sich unabhängig von Ihrer Tagesverfassung machen können.

Die gelenkte Aufmerksamkeit

Genauer
wahrnehmen

Eine andere Art, die kreisenden Gedanken in die Schranken zu weisen, ist die bewusste Ablenkung.

Auch dazu ist es nötig, sich in einer »guten« Zeit einiges zurechtzulegen. Sie sollten ein Arsenal an Möglichkeiten für alle

Lebenslagen bereithalten, um spielerisch Ihre Gedanken auf ein positiv getöntes Thema zu lenken. Es geht um eine *bessere Wahrnehmung der Umwelt über alle Sinneskanäle*:

- Was sehen und hören Sie jetzt gerade?
- Was riechen und schmecken Sie gegenwärtig?
- Was tasten und spüren Sie im Moment?

Tipps

Sorgen Sie für den Notfall vor und überlegen Sie, welche der folgenden Anregungen für Sie nützlich sein könnten:

- Denken Sie an etwas, das Sie in der nächsten Zeit unbedingt erledigen müssen, zum Beispiel bestimmte Reparaturen, Behördenwege, Ausflugsplanung etc.
- Beobachten Sie Häuser, Bäume, Pflanzen, Tiere, Autos, Nummernschilder, Plakate, Bilder, Schaufenster usw. und prägen Sie sich alles möglichst gut ein.
- Beobachten Sie (zum Beispiel in öffentlichen Verkehrsmitteln oder Geschäften) andere Menschen, ihre Haltung, Mimik, Kleidung usw. und versuchen Sie über diese Menschen etwas zu erraten: Alter, Beruf, Herkunftsland usw. Machen Sie ein Spiel daraus.
- Beim Autofahren hören Sie Radio oder CDs.
- Drehen Sie den Fernsehapparat auf und suchen Sie den interessantesten Film aus.
- Hören Sie Ihre Lieblingsmusik.
- Verwenden Sie unterwegs einen Walkman mit Ihrer Lieblingsmusik.
- Schreiben Sie einen Brief, machen Sie Notizen für bestimmte Planungen, oder schreiben Sie auf, was Sie einkaufen müssen.
- Konzentrieren Sie sich auf Rechenaufgaben, auf die Berechnung Ihrer wöchentlichen Haushaltsausgaben oder auf das Lösen von Kreuzworträtseln.

- Spielen Sie etwas, das Sie fordert (zum Beispiel Computerspiele, Sudokus etc.).
- Gehen Sie in Ihr Bad und nehmen Sie eine Wechseldusche, mit warmem Wasser beginnend, mit kaltem Wasser endend.
- Beginnen Sie mit einer Hausarbeit oder Gartenarbeit, die eine natürliche Form der Bewegung und Ablenkung darstellt.
- Telefonieren Sie mit jemandem, wenn Sie allein zu Hause sind, ohne von Ihrer momentanen Angst zu berichten.
- Wenn Sie allein zu Hause sind, verlassen Sie die Wohnung und gehen Sie spazieren, wenn nötig unter Menschen.
- Genießen Sie etwas: Nahrungsmittel, Obst, Süßigkeit, Kaugummi, Getränk.
- Riechen Sie einen angenehmen Geruch, den Sie in Ihrer Wohnung verbreiten (zum Beispiel ätherisches Öl).
- Betasten Sie mit Ihren Händen Dinge, die Sie mögen, um sich wohlzufühlen. Streicheln Sie ein Tier oder Stofftier, um andere Empfindungen zu bekommen.

Es kommt beim Üben nur darauf an, Ihrer Angst etwas entgegenzustellen. Sie brauchen das Erlebnis, nicht hilflos ausgeliefert zu sein. Warten Sie nicht darauf, bis Sie keine Angst mehr haben, und Sie werden eine Überraschung erleben: Weil das Thema Nummer 1 nicht mehr »Angst« heißt, werden Sie vieles bald ohne Angst tun können. *Was man nicht in den Mittelpunkt stellt, löst sich plötzlich von selbst auf!*

Der Einsatz innerer Sätze

Eine Art Selbsthypnose Für den, der noch intensiver an sich arbeiten möchte, empfiehlt es sich, die Entspannung mit positiven inneren Sätzen, wie sie bei den kognitiv-verhaltenstherapeutischen Ansätzen oder auch im Autogenen Training verwendet werden, zu kombinieren.

Positive Sätze sind ohne Zweifel sehr vielfältig einsetzbar. So sind sie ein fixer Bestandteil der »Kognitiven Umstrukturierung«, der Angst- oder Schmerzbekämpfung, aber auch eine gute Möglichkeit bei allen Arten von Verhaltensänderungen. Der wirkungsvollste Zeitpunkt für ihren Einsatz ist das Stadium der tiefsten Entspannung, aber natürlich kann man ihn auch im Alltag, wie zur Erinnerung, immer wieder in Gedanken vorsagen.

Der innere Satz, der natürlich auch nur eine Wortgruppe oder ein einzelnes Wort sein kann, sollte (ebenso wie beim Gedankenstopp) gut vorbereitet werden. Das »Krisengebiet«, nämlich die Verlustangst, ist zwar das übergeordnete Thema, kann sich aber je nach Situation ändern. So wird es manchmal genügen

»Ich bin ganz ruhig und entspannt«

zu wählen. Aber manchmal ergibt sich ein aktueller Wunsch, der sich in den Vordergrund schiebt. Das sollte man berücksichtigen. Man kann sich zu einem Zeitpunkt immer nur auf einen Wunsch konzentrieren, sonst wird es für das Innenleben verwirrend.

Vielleicht heißt es dann

»Ich bin stark«,

»Ich kann mich wehren«,

»Ich bin unabhängig«,

»Ich lasse los«,

»Ich bin mir selbst genug«

oder auch ganz etwas anderes.

Bei der Formulierung sind ein paar Punkte zu beachten:

- Der Vorsatz sollte kurz und klar sein.
- Der Satz sollte unbedingt positiv formuliert werden. Nur ein positiver Vorsatz haftet im Zustand der Entspannung, daher vermeide man Worte wie »kein«, »nicht« etc.

Es ist durchaus sinnvoll, ein bisschen mit Formulierungen zu experimentieren. Ich habe wiederholt erlebt, dass es manchmal einige Zeit dauert, bis man den genau »maßgeschneiderten« Satz findet.

Neueste psychologische Forschungsbefunde zeigten, dass übertrieben positive Sätze (also solche, die man selbst nicht glaubt) nicht wirklich helfen. Es empfiehlt sich also, die inneren Sätze so zu wählen, dass sie den nächsten Schritt bei der Problembewältigung abbilden. Nur die Vorstellung der konkreten Bewältigbarkeit hilft daran zu glauben, dass die Träume Wirklichkeit werden können und die anstehenden Probleme zu lösen sind.

Über die kurzen, schlagwortartigen inneren Sätze können Sie sich aber auch noch mit ermutigenden Selbstgesprächen motivieren. Sie können sich zum Beispiel sagen: » Ich kenne meine Angst schon. Jedes Mal, wenn ich sie in der Vergangenheit ein bisschen kleiner gemacht habe, ist es mir stets gut gegangen, und ich habe mich darüber gefreut. Ich weiß, dass sie auch wieder vorbeigeht.«

Die systematische Desensibilisierung

Aus dem Repertoire der Verhaltenstherapie

Nach dem oben erwähnten Edmund Jacobson, dem Erfinder der Progressiven Muskelentspannung, beschritt Joseph Wolpe den Weg zu einer wirkungsvollen Angstbekämpfung weiter. Er begann 1958 ein Mittel zu suchen, *wie man gelernte (»konditionierte«) Ängste wieder verlernen könne.* Er fand in der Progressiven Muskelentspannung den idealen Gegensatz zur ängstlichen Verspannung und entwickelte damit sein Konzept der *systematischen Desensibilisierung.*

Nach dieser Methode muss jeder Betroffene zunächst einmal eine sogenannte »Angsthierarchie« aufstellen. Darunter versteht man eine Liste aller persönlichen Angstauslöser, die von »leicht« bis »besonders schwierig« geordnet werden sollen.

Bei einem Menschen mit Verlustangst könnte zum Beispiel diese Liste so aussehen:

Der (die) PartnerIn
- verspätet sich
- ruft nicht an
- ist telefonisch nicht zu erreichen

- trifft sich allein mit Freunden
- versucht, sich finanziell unabhängig zu machen
- besucht eine Party mit vielen »Möglichkeiten«.

So kann zum Beispiel jemand, der Verlustangst hat, als unterste und erste Stufe eine Situation angeben, wo er bei kleinsten Verspätungen der Kinder, Partner, Freunde etc. bereits nervös wird. Noch bevor die kreisenden, quälenden Sorgen beginnen, fängt man nun an und koppelt (verbindet) die gedachte oder wirkliche Situation sorgfältig mit Entspannung.

Gehen Sie schrittweise vor. Beginnen Sie mit den leichtesten Übungen, wenn Sie sich anfangs wenig zutrauen. Auf diese Weise sichern Sie sich Erfolgserlebnisse, die Ihnen Mut und Zuversicht für das weitere Übungsprogramm geben. Stellen Sie sich im Laufe der Zeit immer schwierigeren Situationen, bis Sie auch diesen erfolgreich begegnen können.

Da Angst und Entspannung grundsätzlich nicht gleichzeitig auftreten können (also »inkompatibel« sind), verliert durch mehrmalige Wiederholung diese Situation ihre Schrecken und wird langsam gewohnt und neutral. Auf alle Fälle gilt es, eher zu langsam als zu schnell weiterzugehen, denn Überforderungen sollen unter allen Umständen vermieden werden.

Wiederholen Sie die einzelnen Übungen. Die wiederholte Erfahrung, dass Ihre Befürchtungen unbegründet sind, stärkt zunehmend Ihr Selbstvertrauen und vermindert Ihre Erwartungsängste. Auf diese Weise beruhigt sich Ihr Nervensystem im Laufe der Zeit. Rechnen Sie damit, dass Sie gute und schlechte Tage haben und Ihnen die Übungen einmal leichter und einmal schwerer fallen werden. Wenn Sie einmal keine Fortschritte machen sollten, weil die Ziele zu hoch waren, wählen Sie Zwischenziele, um doch Erfolgserlebnisse zu haben. Viele Angstpatienten sehen die kleinen Fortschritte nicht, weil sie zu große Erwartungen haben. Loben Sie sich und belohnen Sie sich dafür, wenn Sie einen kleinen Schritt vorangekommen sind. Schließlich ist das Erreichte für Sie nicht selbstverständlich.

So atmet man die Spannung weg

Auch wenn Sie keine Entspannungstechnik erlernt haben, können Sie sich zumindest mit einem ruhigen Atmen vom Druck befreien.

Atmen Sie bei geschlossenem Mund tief durch die Nase ein, wie wenn Sie Ihren Lieblingsgeruch einatmen würden. Anschließend atmen Sie durch den Mund bei leicht geöffneten Lippen möglichst langsam aus, wie wenn Sie einen Löffel mit heißer Suppe kühlen würden. Nach dem Ausatmen können Sie den Atem noch etwas anhalten, bis der Einatmungsreflex von allein einsetzt und Sie durch die Nase wieder einatmen. *Wenn Sie langsam atmen, verlangsamt sich Ihr Herzschlag, entspannt sich Ihre Muskulatur und vermindert sich Ihr Stoffwechsel.*

Konzentrieren Sie sich auf Ihre Atmung und stellen Sie sich vor, wie Sie mit jeder Einatmung durch die Nase mehr Kraft und Zuversicht bekommen und mit jeder Ausatmung durch die leicht geöffneten Lippen immer mehr Druck und Anspannung von sich geben. Während Sie Ihre Atmung beobachten, werden negative Gedanken ausgeblendet.

Wenn Sie sich zusätzlich bewegen, können Sie die vorhandene Anspannung noch rascher abbauen. Schütteln Sie Ihre Arme und Beine fest aus, während Sie ausatmen.

3. Überlebenstraining für Angehörige

Bevor wir zu den Hilfen für die Partner, Familien und Freunde von Verlustangstkranken kommen, ist es unumgänglich notwendig, diesen Angehörigen (im weitesten Sinn) selbst den Rücken zu stärken.

Zunächst einmal zu jenen, die sich der schwierigen Aufgabe widmen, dem Angstkranken bei seiner Heilung oder zumindest Verbesserung zur Seite zu stehen, und danach zu jenen, die an dieser Aufgabe zu scheitern drohen:

Wie man sich schützen kann

Wir haben schon anhand der vielen Tricks gesehen, dass die Verzweiflungsstrategien vieler von Verlustangst Betroffener überaus differenziert und mit gehörigem Druck verbunden sind. Das lässt erahnen, dass sich alle Menschen im Umfeld, die sich freiwillig oder zwangsläufig mit dieser Problematik auseinandersetzen, sehr stark und stabil sein müssen. Sie kommen sonst allzu leicht »unter die Räder«.

Menschen mit Verlustangst sind ja nicht ausschließlich schwierig, sondern sie haben natürlich auch liebenswerte Seiten. Manche sind auch ausgesprochen interessant. Daher muss man sie nicht meiden, aber man muss im Umgang mit ihnen einiges sehr genau beachten, um nicht selbst Schaden zu nehmen. (Und die Erfahrung zeigt, dass es eine ganze Menge Opfer gibt, die sich offenbar keine Schutzstrategie zugelegt haben.)

Eine gewisse Wahlmöglichkeit haben die Freunde und entfernteren Verwandten. Sie können für sich entscheiden, ob sie sich den Herausforderungen gewachsen fühlen oder lieber das Weite suchen wollen. Sie können auch meistens die Kontakte so dosieren, dass sie dazwischen immer wieder emotionale Erholungsphasen haben und ihr »Ich« stärken. Wie wir gesehen haben, ist es ja meist das Anliegen der Verlustangstgeplagten, die Menschen ihres Umfelds möglichst eng zu binden. Wenn man dem standhalten möchte, muss man daher sehr genau auf die eigene Identität, auf seine Wünsche und Visionen achten, sonst wird man einfach »verschluckt«.

Eines sollte Ihnen als Bezugsperson immer klar sein: Wie viel Sie für einen anderen Menschen tun wollen, *muss* immer Ihre persönliche Entscheidung sein! Ob es nun sehr viel oder auch ganz wenig ist – es muss für Sie passen! Denn wenn Sie das Gefühl haben, dass irgendwer Ihnen Ihre Zuwendung abnötigt, wächst in Ihnen ein Unbehagen. Diese Spannung vergiftet die Hilfe und die Beziehung zueinander!

Sehen wir uns als Erstes ein paar Übungen für die Menschen an, die mit Verlustängstlichen zu tun haben. Sie fühlen sich vielleicht nach jedem Kontakt leer, verbraucht und irgendwie angestrengt.

Rückeroberung Ihrer Kraft

Stellen Sie sich fest und gut geerdet hin.

Dann stellen Sie sich zwischen sich und der Person, die Ihnen häufig Ihre Energie abzweigt, einen weißen Lichtstrahl, der jeweils von Nabel zu Nabel geht, vor. Dieser Strahl ist Ihre Energie. Lassen Sie das Gefühl auf sich wirken. Dann imaginieren Sie eine riesige goldene Schere, die die Lichtschnur zerschneidet und somit die Verbindung zwischen Ihnen und der Person, die Ihre Kraft ungefragt genommen hat, kappt. Achten Sie gut darauf, wie Sie sich dabei fühlen. Atmen Sie auf, spüren Sie die Erleichterung. Dann bemerken Sie, dass Ihre verlorene Energie bei der anderen Person in Form eines Wollknäuels in der Magengegend liegt. Jetzt holen Sie Ihre Energie zurück: Machen Sie dabei schöpfende Handbewegungen und sprechen dazu: »Ich werde es nicht mehr zulassen, dass du mir meine Energie wegnimmst.« Schöpfen Sie so lange, bis Sie das Gefühl haben, dass Sie all Ihre Energie zurückgeholt haben. Massieren Sie diese Energie im Uhrzeigersinn in Ihren Bauch hinein und spüren Sie die angenehme Wärme, die entsteht. Sollten Zweifel und/oder ein schlechtes Gewissen aufkeimen, dann denken oder sprechen Sie laut: »Ich stehle niemandem etwas, sondern hole mir lediglich zurück, was MIR gehört: meine Kraft, meine Energie.«

Sie wollen und können Liebe geben. Das aber freiwillig!

Konkreter Tipp

Und noch ein konkreter Rat aus meiner psychotherapeutischen Arbeit, in der ich naturgemäß mit Menschen mit vielen Forderungen und Ansprüchen zusammengekommen bin:

Halten Sie nach jedem belastenden Kontakt Ihre Hände eine Zeit lang unter fließendes Wasser. Stellen Sie sich dabei vor, wie der Seelenballast weggespült wird.

Nahe Angehörige

Nun kommen wir zu dem nicht immer unanstrengenden Leben von nahen Angehörigen Verlustangstkranker. Sie stehen im dauernden Einfluss der Verlustangst und ihren Auswirkungen. Gemeint sind vor allem Familienangehörige, die im gemeinsamen Haushalt leben und zwangsläufig irgendeinen Modus finden müssen. Mit denen, die sich nach vielen seelischen Krämpfen trennen, wollen wir uns weiter hinten befassen.

Manche Menschen sind allerdings (mitunter auch aus ökonomischer Abhängigkeit) gezwungen auszuharren:

- Sei es, dass man sich dem Partner trotz allem sehr verbunden fühlt,
- sei es, dass man alte Eltern oder andere Anverwandte nicht im Stich lassen möchte, obwohl sie gewaltig nerven,
- sei es, dass der Angstkranke noch andere Behinderungen hat und man die Verantwortung übernommen hat,
- sei es, dass es sich um Kinder oder Jugendliche handelt, für die man zuständig ist.

Um es klarzumachen: Wir sprechen hier von Erwachsenen und ihrem Schutz. Kinder von Verlustangstkranken sind leider den ungünstigen Voraussetzungen ausgesetzt. Sie können weder weggehen, noch sich wirkungsvoll wehren. Viele verhängnisvolle Lebensgeschichten beginnen auf diese Art.

Wenn eine Bezugsperson eines Kindes allerdings merkt, wie fatal sich die »Fesselungskünste« des Ängstlichen auswirken, tut sie gut daran, dieses Kind mit möglichst vielen anderen gesunden und psychisch stabilen Menschen zusammenkommen zu lassen. So kann zumindest die Zeit dazwischen dem Kind ein bisschen Erholung bringen. (Allerdings lassen Menschen mit Verlustangst ihre Kinder sehr ungern und selten außer Haus gehen.)

Einen Fluchtweg haben sich aber Kinder selbst ausgedacht: Sie lernen frühzeitig, die Ohren innerlich zuzuklappen. Sie schotten sich ab, und dagegen kann niemand etwas tun! Man kann sich allerdings vorstellen, dass diese Fähigkeit später manchmal auch ziemlich nachteilig ist: Manche können einfach nicht richtig zuhören, und die Folgen in Beziehungen kann man sich lebhaft ausmalen …

Wie können sich nun erwachsene Angehörige davor schützen, dass ihr Leben ganz in den Dienst eines Verlustangstkranken gestellt wird?

Abgrenzung ist für beide wichtig Zunächst einmal muss sich jeder klar sein, dass es einem Kranken niemals hilft, wenn man seine »Spiele« mitspielt. Wenn man sich vorstellt, dass man einen Alkoholiker stets mit Wein versorgt, nur weil er es so will und verlangt, versteht man besser, dass man damit die Probleme langfristig verlängert, auch wenn man kurzfristig für eine Zeit lang Ruhe hat.

Das ist eine bittere Wahrheit. Verlustangstkranke fordern Zuwendung, Aufmerksamkeit und vor allem körperliche Präsenz von den Menschen rund um sie. Sie tun so, als ob sie ein Recht darauf hätten und es ist die schwierige Aufgabe der Angehörigen, immer und immer wieder darauf zu beharren, dass andere Menschen auch ihren Platz zum Leben haben müssen, dass sich nicht alles ständig nur um einen drehen kann.

Natürlich gibt es Widerstand.

Natürlich gibt es unerfreuliche Szenen als Reaktion.

Und das muss man erst einmal aushalten lernen.

Wie soll das gehen?

Dazu erst einmal eine Erforschung:

Übung

Stellen Sie sich als Angehöriger folgende Fragen:

- Wie werde ich mit meiner Rolle und den Lebensanforderungen fertig?
- Was für Ressourcen und Fähigkeiten stehen mir zur Verfügung?
- Was soll weniger werden/aufhören?

- Was soll mehr werden/wachsen?
- Wofür möchte ich meine Kraft und Liebe einsetzen?
- Was brauche ich, um Klarheit über meinen Weg zu bekommen?

Möglicherweise bekommen Sie ein paar sehr deprimierende, aber ehrliche Antworten aus Ihrem Inneren. Vielleicht kommen Sie drauf, dass es so nicht weitergehen kann, dass Sie für dieses Maß an Durchsetzung nicht gerüstet und zu schwach sind. Und dass Sie sich nicht zutrauen zu lernen, wie man sich wirkungsvoll zur Wehr setzen kann.

Dann lesen Sie bei den »Trennungen« weiter.

Wenn Sie aber die anstehenden Probleme als Herausforderung ansehen und an ihnen wachsen wollen, dann machen Sie folgende Gewissenserforschung:

Übung

Wenn Sie an Ihre *Grenzen* kommen, fragen Sie sich:

- Woher kommen diese Grenzen?
- Aus meiner Erziehung?
- Habe ich einfach nicht lernen können, ein »Nein« entgegenzusetzen?
- Hat mir niemand gezeigt, wie man sich bei Konflikten verhalten kann?
- Habe ich zuviel Angst?
- Stelle ich mir vor, dass etwas Furchtbares passiert und ich bin schuld daran?
- Bin ich einfach zu faul für eine Neuerung und lasse die Dinge lieber so laufen, wie sie jetzt sind?
- Traue ich mir nicht zu, die nötige Kraft aufzubringen?
- Wie viel Druck brauche ich, um die Grenzen zu erweitern?
- Wo enge ich mich durch selbst gezogene Grenzen ein?
- Wo folge ich unreflektiert fremdbestimmten Grenzen?

Auch diese Fragen können zu ernüchternden Erkenntnissen führen, aber:

Wählen Sie nun *eine einzige Grenze* und gehen Sie *einen einzigen Schritt* weiter als bisher. Der nächste wird sich entwickeln!

Nach dieser Übung schreiben Sie unbedingt alle Antworten auf und besprechen Sie alles mit mindestens einer Person. Sie brauchen verständnisvolle Mitwisser, die Ihnen »den Rücken stärken«.

Eine Rückenstärkung kann Ihnen folgendes »Abendgebet« aus der Gestalttherapie sein:

Gedankenimpuls

Ich bin ich
Und du bist du
Ich bin nicht auf der Welt, um deinen Erwartungen zu genügen
Und du bist nicht auf der Welt, um meinen Erwartungen zu genügen
Ich bin ich
Und du bist du

Diese Worte sollen Ihnen helfen, Ihre Position immer wieder zu stärken und das zu Unrecht schlechte Gewissen auszuräumen. Am besten wirkt es, wenn man es sich mehrmals täglich vorsagt und eventuell ein kleines Plakat schreibt, das Sie an einem für Sie gut sichtbaren Platz immer wieder an Ihr Recht erinnert.

Auch folgende Maßnahme dient zu Ihrer Stärkung:

Übung

■ Nehmen Sie sich morgens und abends jeweils eine Viertelstunde Zeit, um zu sich zu kommen. Am besten ist es, wenn Sie dafür einen Platz haben, der Ihnen in Ihrer Beschaulichkeit hilft (also nicht der Küchentisch oder der überquellende Schreibtisch!).

Schließen Sie die Augen und horchen Sie in sich hinein. Lassen Sie Ihre Gefühle und Gedanken einfach kommen und gehen.

- Vor einer Entscheidung zu einer Neueinführung in Ihrer angespannten Beziehung halten Sie inne und fragen sich: »Will ich das wirklich? Ist jetzt der richtige Zeitpunkt oder noch nicht?«
- Fragen Sie sich auch, welchen persönlichen Preis Sie dafür zahlen müssen, wenn Sie jetzt wieder zurückweichen.

Dazu eine Ermunterung:

Gedankenimpuls

Gott gebe mir den Mut,
Dinge zu ändern, die ich ändern kann;
Dinge hinzunehmen, die ich hinnehmen muss
Und die Weisheit, beides zu unterscheiden.

Wenn man sich entschlossen hat, sich mit dem Problemfeld auseinanderzusetzen, gibt es nun zwei Marschrichtungen für die eigene psychische Gesundheit (was der Verlustangstkranke selbst tun muss und wozu eventuell Hilfen nötig sind, wird später behandelt):

- Schutz des eigenen Lebens
- Aufbau der nötigen Konfliktfähigkeit

Schutz des eigenen Lebens

Um eine Perspektive für sich zu entwickeln, muss man *selbstbewusst* sein: Man muss sich klarmachen, was man kann, was man will und wohin man will. Das ist zugegebenermaßen nicht einfach und bedarf oft jahrelanger Entwicklungsarbeit. Vor allem Frauen werden oft dazu erzogen, keine eigenen Pläne für sich zu haben, damit sie überall vor »die Karren anderer gespannt« werden können.

Jeder Mensch ist ein soziales Wesen, das manchmal in einem Widerspruch zwischen ICH und WIR steht. Natürlich ist es dann wichtig, Kompromisse zu finden. Aber wo keine Kompromisse möglich sind, wo die eigenen Ziele einfach nicht ernst genommen und ignoriert werden, muss man sich wohl verstärkt selbst um die Umsetzung kümmern.

Lassen Sie sich nicht verschlingen!

Übung   **Visualisation**

Setzen Sie sich ganz bequem hin und schließen Sie die Augen. Atmen Sie ein paar Mal gut durch.

Dann stellen Sie sich vor, Sie haben einen eigenen Garten mit einem Häuschen. Dieses Häuschen ist Ihnen sehr wichtig, denn dort ist alles, was Sie haben – Ihr Schatz.

Schauen Sie sich alle Details gut an: die Lage des Gartens und des Häuschens, die Beschaffenheit und Bauweise.

Dann fragen Sie sich:

- Wie schütze ich meine Werte?
- Wie grenze ich mich gegen Gefahren von außen ab?
- Muss ich eventuell meinen Schutz verbessern? Aber wie? (Wenn Ihnen eine Möglichkeit einfällt, dann stellen Sie sich vor, wie Sie es tatsächlich machen.)

Und weiter:

- Wie kann ich trotz Schutz hinaus und hinein? Oder mache ich mich selbst zu meinem eigenen Gefangenen?

Errichten Sie eine gut funktionierende Gartentür, über die Sie (und nur Sie) herrschen! Wer hinein und hinaus kann, bestimmen Sie allein!

Sehen Sie sich nun abschließend Ihr Werk an.

Lösen Sie sich. Dehnen und strecken Sie sich kräftig und öffnen Sie die Augen.

Schreiben Sie im Anschluss wieder alles auf und/oder malen Sie ein Bild von Ihrem Grundstück. Es wird in der nahen Zukunft gut sein, sich immer wieder an das Erlebte zu erinnern.

Aufbau der nötigen Konfliktfähigkeit

Der Aufbau aller Fähigkeiten, die mit Durchsetzung, Stärke, aber auch Diplomatie zusammenhängen, ist besonders schwer, wenn es aus der Kindheit keinerlei Voraussetzungen gibt. Aber alles lässt sich erlernen.

Übung

Die Konfliktfähigkeit ist so ein weites Feld, dass es hier den Rahmen sprengen würde. Hier können nur ein paar Impulse gegeben werden. Wer ganz am Anfang seiner Bemühungen in diese Richtung steht, sollte zuerst bei unwichtigeren Anlässen zu üben beginnen:

- Reklamieren Sie das erkaltete Essen im Restaurant.
- Wehren Sie sich mit höflichen Worten, wenn sich jemand an der Supermarktkasse vordrängen möchte.
- Tauschen Sie ohne Skrupel die fehlerhafte Ware im Geschäft um.

Wenn das alles gut geht, dann machen Sie einen kleinen Versuch bei Ihrem Konfliktpartner. Es geht dabei keineswegs um dauernden Krieg, sondern um das (auch durchaus respektvolle) Hinweisen, dass eben gerade Ihre persönliche Grenze ignoriert und überschritten wird oder wurde.

Natürlich gelten auch für Sie alle Entspannungsvorschläge, die weiter vorne den Verlustangstgeplagten angeboten wurden.

Von Zeit zu Zeit machen Sie eine Zwischenbilanz:

Gedankenimpuls

Wie ist mein Umgang jetzt mit Belastungen:

- Welche Möglichkeiten und persönlichen Strategien habe ich bereits?
- Welche Stärken und Ressourcen setze ich erfolgreich ein?
- Habe ich persönliche Alternativen?
- Wie komme ich wieder in Balance (Entspannungstechniken, Sport...)?

Vielleicht kommen Sie irgendwann dort an, wo Sie dem Partner/ der Partnerin, dem nahen Angehörigen dieses wunderbare Gedicht überreichen können, das vollendet eine neue, vielleicht eben gerade gelingende Toleranz schildert:

Gedankenimpuls

Achte meine Grenzen

Begleite mich auf meinem Weg
    aber führe mich nicht auf den deinen.
Schenke mir deine Erfahrungen
    aber lass mich meine eigenen machen.
Gib mir deine Fragen
    aber nicht deine Antworten.
Schreib mir ein Gedicht
    aber lass es mich selbst lesen.
Sing mir ein Lied
    aber gib nicht den Ton an.
Umarme mich, wenn du mich triffst,
    aber halte mich nicht fest.
Es ist wunderbar, dass es dich gibt,
    so wie du bist.
Doch ich bin jemand anderer
    es ist wunderbar, wenn ich so sein kann
    wie ich möchte.

Wenn eine Trennung unumgänglich ist

Auch wenn es sich herzlos anhört: Es gibt Situationen, da ist eine Trennung die beste Lösung. Am schwierigsten ist es sicher bei Kindern – aber selbst da sind Internate bisweilen besser als ein überaus neurotisches Elternhaus. Am zweitschwierigsten ist es oft, sich von alten Eltern (die sich darauf verlassen haben, lebenslang gepflegt zu werden) zu trennen. Die Schuldgefühle und leider auch oft Schuldzuweisungen sind schwer zu ertragen. Ich kenne aber etliche Fälle, wo die Ansprüchlichkeit eines alten Menschen so irrational gewachsen ist, dass die Betreuer völlig überfordert waren und krank wurden. So weit darf es nicht kommen. Wenn auch Pflegehilfen abgelehnt werden, ist die Unterbringung in einem guten Senioren- oder Pflegeheim die einzige praktikable Lösung – auch gegen den Widerstand des alten Menschen. Niemand hat das Recht, das Leben eines anderen derart zu beeinträchtigen oder sogar zu zerstören.

Zwischen gleichaltrigen und gleichwertigen Partnern halten sich zumindest die Schuldgefühle in Grenzen, obschon die Erfahrung zeigt, dass gerade damit sehr oft getrickst wird.

Wenn alles erfolglos versucht wurde, alle Aussprachen in einer Sackgasse endeten, wenn es vielleicht sogar Selbstmord- oder Morddrohungen gab, bleibt oft nur mehr die möglichst schnelle Trennung.

Die Zeit danach ist ohne Zweifel für alle Beteiligten schwer.

Eine kleine Hilfe mögen folgende *beiden Tai-Chi-Übungen* sein:

»Altes loswerden und frei für Neues werden« Übung

Sie halten beide Hände wie Schalen nach vorne. Dann geht eine Hand über die Schulter, gibt das »gelebte Leben« ab, geht wieder nach vorn und füllt sich mit neuem Leben.

Nun kommt die andere Hand dran, und Sie geben abwechselnd etwa zehnmal Altes ab und tanken neu auf.

In den Folgemonaten der Trennung werden Sie sich vermehrt fragen müssen:

Wie nütze ich Lebenskrisen als Ausgangspunkt für Veränderungen?

Sehr wichtig sind dabei Klarheit und freie Sicht auf Ziele.

Fragen Sie sich:

Was möchte ich nun für mich erreichen?

Dann machen Sie folgende Visualisationsübung:

Übung

Stellen Sie sich vor, Sie stehen am Rand eines Zauberbrunnens. Sehen Sie sich erstmals diesen Brunnen genau an: seine Form, das Moos auf seinem Rand, die alten Steine der Einfassung. Nun blicken Sie hinein und sehen auf den Wasserspiegel. Nach einiger Zeit wird ein kleines Zeichen, eine Botschaft über ein oder mehrere Ziele auftauchen. Nehmen Sie es einfach wahr.
Bedanken Sie sich beim Zauberbrunnen.
Strecken Sie sich kräftig und machen Sie die Augen auf.

Schreiben Sie wie immer alles auf und versuchen Sie nun im Nachhinein, die Botschaft zu deuten. Sie kommt direkt aus Ihrem Unterbewusstsein.

4. Hilfe von außen

Gedankenimpuls

Manchmal (oder sogar oft) ist die Herausforderung zu groß. Dann muss man sich fragen:
Kann ich/muss ich das Problem allein lösen?
Brauche ich Hilfe?
Von wem?
Kann ich meine (vermeintliche) »Schwäche« eingestehen?

Wie können Partner und Umwelt helfen?

Eine funktionierende Paarbeziehung beinhaltet (bekanntermaßen) einen ständigen Wechsel von Geben und Nehmen. Nachdem alte Muster, wie »Mann gibt Geld – Frau gibt Gefühle« oder »Mann gibt Stärke – Frau gibt Bewunderung« heute kaum noch Gültigkeit haben, geht es doch offensichtlich jetzt darum, sich auch immer wieder gegenseitig eine Schulter zum Anlehnen anzubieten.

Und in der Tat sieht jeder, der echten Einblick in zahlreiche Beziehungen hat (wie zum Beispiel Psychotherapeuten), dass auch Männer sich von Zeit zu Zeit gerne anlehnen und sich zu ihrer momentanen Schwäche bekennen, sofern zu anderen Zeiten ihre Stärke anerkannt wird. Frauen nahmen und nehmen das Angebot der Unterstützung im Allgemeinen immer schon leichter an, da sie meist weniger Probleme haben, zum teilweisen Schwachsein zu stehen. Diese gegenseitige Hilfestellung funktioniert demnach sehr gut bei allen, die sich dafür öffnen.

Zweisamkeit als Kraftquelle

Schon im Alltag ist es mehr als hilfreich, wenn die Verantwortung gerecht aufgeteilt ist. Aber wenn es darum geht, schwere Schicksalsschläge zu verkraften, ist ein unterstützender Partner ein wahres Geschenk. Unvorhergesehene Trennungen oder der Verlust eines nahen Menschen sind Belastungen, die allein kaum zu tragen sind.

Die Zweisamkeit kann ein ganz wichtiger *Anker, ein Halt, eine Kraftquelle* sein.

Aber nicht nur Partner, sondern alle Menschen der Umgebung eines Betroffenen können in diesen Krisenzeiten hilfreich sein. Das Wichtigste dabei ist, keine Ratschläge zu geben, sondern einfach da zu sein und zuzuhören. Aber es ist verdammt schwierig, »schlaue« Kommentare zurückzuhalten – die wenigsten Menschen können das. Selbst die besten Freunde sind sehr schnell überfordert. *Verständnis, Wertschätzung und Solidarität* sind die wichtigsten Unterstützungsmöglichkeiten. Man spricht dabei von »*Containing*«, das bedeutet, dass der Zuhörer sich als eine

Die Kunst des Zuhörens

Art Behälter (Container) anbietet, der den *Schmerz und die Angst* des Hilfesuchenden *aufnimmt und mitträgt.* Geschulte Psychotherapeuten sind meist perfekte »Container«. Sie wandeln durch ihre möglichst gesunde Psyche den belastenden Inhalt des »seelischen Gefäßes« um und geben ihn wieder in einer besser »verdaulichen« Form zurück.

Aber auch ohne die entsprechende Ausbildung kann man als Teil der Umwelt eines Betroffenen zumindest ein Stück des Leides tragen helfen. *Voraussetzung dafür ist allerdings, dass sich der Zuhörer selbst in einer halbwegs gesunden, stabilen Verfassung befindet, um sich nicht zu überfordern.* Wenn man in seiner Leidensfähigkeit an die eigenen Grenzen stößt, muss man sich sehr vorsichtig wieder ein Stück zurückziehen, denn es ist niemandem geholfen, wenn sich die Zahl der nun vom Schicksal beschädigten Menschen vergrößert. Im Zweifelsfall sollte man immer eher Psychologen und Psychotherapeuten mit der schwierigen Aufgabe des »Containens« beauftragen, da sie gelernt haben, besser als der Durchschnittsbürger Schmerz handzuhaben.

Ohne Zweifel ist es noch einfacher, einem Menschen in seiner Trauer beizustehen, als einem Verlustangstkranken zu helfen, der mit allen Tricks arbeitet. Ein Außenstehender (z. B. ein professioneller Betreuer) ist dabei in einer besseren Position als ein Lebenspartner, der bereits im Spinnennetz sitzt. Es ist erwiesenermaßen als Angehöriger nicht leicht, mit solchen Menschen umzugehen, denn man sollte sich selbst ja nicht aufgeben. Man will aber auch sein Gegenüber nicht verletzen, wenn man sich dessen Krankheit bewusst geworden ist. Gespräche untereinander sind sicherlich sehr nützlich. Anfangs kann man auch mithilfe von einschlägiger Lektüre und ohne professionelle Hilfe auf Ursachensuche gehen (denn erst wenn diese genau erkannt sind, kann der Betroffene an sich arbeiten). Meist wird aber eine längere Psychotherapie nötig sein, um tiefer gehende Änderungen zu bewirken. Paartherapie kann an diesem Punkt sehr hilfreich sein. Man sollte sich keine Hoffnung machen, dass einige wenige Gespräche helfen, das Problem zu lösen. Sie helfen allenfalls beiden Seiten, besser miteinander auszukommen, wenn es wieder so weit ist, dass der Betroffene die Kontrolle über seine Gedanken und Gefühle verliert. Akut, während eines Gefühlsausbruchs, kann man ihm allerdings mit keinem Argument kommen. Die einzige Chance besteht in ruhigeren Zeiten. Sollte die Verlust-/Bindungsangst aber nur von den Mitmenschen erkannt werden, ist es überaus schwer, den Betroffenen zu überzeugen, dass er »krank« ist. Sollte er absolut uneinsichtig sein, heißt es wohl am besten die Koffer packen. Sobald die Beziehung nur noch unzumutbar und verletzend wird, müssen sich Partner oder Partnerinnen vor übermäßigen Schäden schützen. Das sind sie sich selbst schuldig.

Dasselbe gilt übrigens auch für alle anderen Beziehungskonstellationen. Aus Selbstschutz sind Trennungen zwischen den Generationen einer Familie oder im Freundeskreis manchmal unumgänglich.

Die Eifersucht – ein Kampf um Liebe?

Eifersucht ist Liebesneid, der Zweifel an sich selbst und die Angst vor dem Vergleich. Letztlich ist es aber *die Sorge, den geliebten Menschen zu verlieren.*

Ein bisschen davon ist in jeder Beziehung vorhanden, also eine normale Regung, doch wenn sie tatsächlich zur Sucht wird, ist die Qual nicht weit. Der eine fühlt sich hintergangen und betrogen, der andere ungerecht behandelt oder angekettet. Ein Teufelskreis, der oft zu heftigen Auseinandersetzungen, Krisen oder gar zur Trennung führt. Menschen mit Verlustangst können ein Lied davon singen …

Eifersucht in der uns allen bekannten Ausprägung ist eine Spezialität unserer Zeit und unserer Gesellschaft, in der der Wunsch zu besitzen besonders stark ist. Die Grundlage für Eifersucht sind ein Besitzanspruch an eine andere Person, zu der eine emotionale Bindung vorhanden ist, und das Unvermögen, die Zuwendung dieser Menschen mit anderen (Kindern, Eltern, anderen Verwandten, Freunden, Arbeitskollegen …) zu teilen.

Wenn dieser Besitz vermeintlich oder real infrage gestellt wird und die sicher geglaubte Person verloren zu gehen droht, kommen Ängste hoch. Diese sind in erster Linie natürlich die Angst, den Geliebten oder die Geliebte zu verlieren, aber auch Trauer über den Verlust der gemeinsamen Zukunft, ein Sich-ausgeschlossen-Fühlen, Unsicherheit über den eigenen Wert und Angst davor, ohne den Partner sein Leben meistern zu müssen. Zu dieser Verlustangst mischen sich nicht selten Gefühle der Herabwürdigung und eigenen Minderwertigkeit, Wut und Einsamkeit. Konkurrenzdenken, besser als jemand anders sein zu müssen, um geliebt zu werden, kommt oft dazu.

Besitz-
ergreifende
Eifersucht

Eifersucht ist also die Emotion, die eine Person erleben kann, wenn sie das, was ihr angeblich »zusteht«, vorenthalten bekommt. Eine erwachsene Person könnte Eifersucht spüren, wenn sie beobachtet, dass ihr Partner mit einem anderen Menschen flirtet oder Vertrautheiten austauscht und sie dies als Gefährdung ihrer besonderen Beziehung wahrnimmt. Selbst wenn sie sich eine solche Situation nur vorstellt oder davon Kenntnis erlangt, wünscht der/die Eifersüchtige meistens, dass ausschließlich er/sie die Zuneigung der anderen Person erfahren sollte, und würde sicher nicht mit einem Teil zufrieden sein.

Leider ist diese besitzergreifende Eifersucht oft Anlass zu gewalttätigen Handlungen. Deswegen sind bei Kontakten mit extrem eifersüchtigen Partnern Vorsichtsmaßnahmen (wie zum Beispiel sich möglichst in Begleitung anderer und nur an öffentlichen Orten zu treffen) unter Umständen durchaus angebracht.

Eines ist klar: Eifersucht ist ein Gefühl. Gefühle sind niemals gut oder böse, sie unterliegen keiner Wertung. Sie sind einfach vorhanden, und man muss sie akzeptieren – ob man das nun will oder nicht!

Wesentlich ist jedoch der Umgang mit dem Gefühl. Terror zu machen ist bestimmt abzulehnen, aber wer die Eifersucht nur bei sich registriert und sich fragt, wovor er konkret im Moment Angst hat, hat eine Chance genützt.

Um besser und sinnvoller handeln zu können, sollten die Betroffenen auf beiden Seiten die folgenden Anregungen über-

denken und gemeinsam (oder auch mithilfe eines Paarthera-
peuten) besprechen:

Tipps gegen Eifersucht und der Umgang damit:

Konkreter Tipp

- Klären Sie mit Ihrem Partner/Ihrer Partnerin, welche Freiheiten Sie sich gegenseitig zugestehen möchten.
- Bauschen Sie harmlose Situationen nicht auf. Sie sind es meist nicht wert.
- Betrachten Sie sein/ihr gelegentliches Interesse an attraktiven anderen Menschen nicht als Abwertung Ihrer Person. Machen Sie sich klar: Der Reiz des Neuen ist flüchtig – und kann gegen Sie absolut nicht konkurrieren.
- Geben Sie hin und wieder zu verstehen, dass auch Sie andere Menschen reizvoll finden.
- Machen Sie Ihr Selbstwertgefühl nicht allein von der Bestätigung durch Ihre(n) PartnerIn abhängig. Pflegen Sie einen Freundes- und Bekanntenkreis, gehen Sie eigenen Interessen und Hobbys nach. Denn: Je mehr Erfüllung und Anerkennung Sie im Leben finden, desto weniger sind Sie abhängig und desto weniger werden Sie für eifersüchtige Gedanken und Gefühle anfällig sein.
- Und selbstverständlich: Überprüfen Sie immer wieder, ob Ihre Gefühle der aktuellen Realität entsprechen. Häufig geht es nicht ohne »Ent-täuschung«, denn die Visionen über eine paradiesische Beziehung, in der ständig Eintracht und Verschmelzung herrschen, müssen zerstört werden, um die Wirklichkeit sehen zu können.

»Teilnehmen bedeutet seinen Teil nehmen« Übung

Menschen mit Verlustangst haben sehr oft Probleme mit dem Teilen. Sie haben einen Mangel in sich und wollen daher den Rest nicht aufgeben – vor allem, wenn es um geteilte Zuwendung geht. Für alle, die sich davon angesprochen fühlen, mögen folgende Fragen zur besseren Erforschung dienen:

- Habe ich Probleme, meinen Teil zu nehmen? (Zum Beispiel: Ist es für mich schwer, in einer Gesellschaft zu Wort zu kommen? Habe ich Skrupel, mich am Büfett zu bedienen?...)
- Will ich, dass er mir gegeben wird?
- Will ich das Ganze?
- Oder gar nichts?
- Habe ich in meiner Familie nehmen gelernt?
- Und habe ich auch Nicht-nehmen gelernt?
- Kann ich verweigern, etwas anzunehmen?
- Kann ich meinerseits auch geben?
- Beziehungsweise bewusst nicht geben?

5. Wenn Psychotherapie notwendig ist

Die Kette der Angst durchbrechen

Mancher wird sich bei der Lektüre all der früher aufgelisteten Verwundungen bereits gefragt haben: »Kann man den fatalen Verlauf unterbrechen, der die Defekte von einer Generation zur anderen weitergeben lässt?« In der Tat ist es ein großes Anliegen der meisten Betroffenen, das »Trauma der gerissenen Nabelschnur« so zu heilen, dass es nicht ungewollt an die eigenen Nachkommen weitergegeben wird und dass das Dilemma endlich ein Ende nimmt. Die Frage geht also (zumindest bei Vätern und Müttern) über die eigene Heilung hinaus.

Nun – seit Bowlbys Bindungstheorie sind etliche Erfahrungen in der psychologischen Forschung gemacht worden. Längsschnittuntersuchungen (also Beobachtungen über viele Jahre bei denselben Personen) haben gezeigt, dass die Auswirkungen der ungünstigen Bedingungen während der Kleinkindphase durch intensive Psychotherapie verändert werden können. Auch die Psychoanalyse und die daraus entwickelten tiefenpsychologischen Verfahren, die sich besonders der Behandlung frühkindlicher Schäden gewidmet haben, beweisen schon seit vielen Jahrzehnten, dass konsequentes Arbeiten an den Schwachstellen durchaus einiges zum Besseren wenden kann. Wenn auch die frühen Prägungen nicht »weggezaubert« werden können, so hilft es doch, wenn nachträglich ein Verständnis für die damalige Situation der Eltern erlangt werden kann. Diese Form der Aussöhnung ermöglicht, *sich von einem tief sitzenden Groll zu befreien und nicht mehr das eigene Leben damit zu vergiften.* Darüber hinaus ist es bei alten Verlustängsten nötig, erst einmal durch die »Musterbeziehung« zwischen Klienten und Therapeuten *eine stabile Basis zu bilden, die es möglich macht, die Angst, verlassen zu werden, langsam loszulassen.*

Das sogenannte »*Episodengedächtnis*« hat bei jedem Menschen komplexe Abläufe gespeichert. Schon das Kleinkind prägt sich ein: Wenn ich Milch (aus der Brust oder der Flasche) trinke, bin ich nachher satt und befriedigt. So gibt es eine ganze Reihe von Wenn-dann-Folgen, die sich als Episode im Gedächtnis eingraben. Bei traumatisierten Menschen sind diese Erfahrungen überaus negativ und beeinflussen durch die daraus resultierenden Erwartungen viele heutige und zukünftige Handlungen. Nun gilt es, dem Episodengedächtnis auch *neue Zusammenhänge* zu liefern. Sie sollen *beweisen, dass die erwartete Enttäuschung nicht mit Regelmäßigkeit eintreffen muss wie in der Vergangenheit.*

Das Selbstbild eines jeden Menschen ist eine Collage aus mehr oder weniger zufälligen Erlebnissen, aus Bemerkungen von Menschen, die wir lieben oder hassen, aus Kindheitsverletzungen und Freuden, aus Gelesenem und Selbsterlebtem. Vor allem ist es wandelbar und kann sich immer neuen Erfahrungen öffnen. Hier setzt die Psychotherapie an.

Das Selbstbild ist veränderbar

In einer sehr behutsamen und einfühlsamen Arbeit muss sich der Psychotherapeut gemeinsam mit seinem Klienten auf die Suche nach den fatalen Erfahrungen begeben, um »Weichen umzustellen«.

Bei jeder Angst heißt die Parole: Erweiterung der Grenzen. Die innere Welt, die erfüllt von Befürchtungen ist, kann sich durch sorgsame und vor allem möglichst entspannte neue Grenzerfahrungen erweitern. Nur Schritt für Schritt kann man sich aus dem vertrauten, engen Bereich herausbewegen und sich Neuem und Unbekanntem aussetzen. Und zwar nicht nur in der Angsttherapie, sondern als normaler Lernprozess während unseres ganzen Lebens.

Gegenkräfte gegen die Angst entwickeln lernen

Wer aber gelernt hat, Gegenkräfte wie Mut, Vertrauen, Erkenntnis, Macht, Hoffnung, Glaube und Liebe zu entwickeln, kann mit diesen Ängsten umgehen. Vielleicht gelingt es aus den neuen Erkenntnissen heraus, sich einen Schritt in seiner Persönlichkeitsentwicklung weiterzubegeben.

Wie man der Angst auch selbst zu Leibe rücken kann, haben wir bereits bei den Selbsthilfemaßnahmen gesehen. Wenn Sie dabei nicht den gewünschten Erfolg hatten, sollten Sie den Weg zum Psychotherapeuten ernsthaft erwägen. Das sollte Ihnen auf keinen Fall peinlich sein, denn neueren Untersuchungen zufolge haben mindestens 16% der Bevölkerung eine Angsterkrankung.

Manchmal kann es hilfreich sein, zu Beginn einer Therapie kurzfristig auch Medikamente zu nehmen. So werden bei schweren Angstanfällen auch Tranquilizer, beruhigende Antidepressiva oder Serotonin-Wiederaufnahmehemmer (die die Angstreizübertragung ans Gehirn blockieren) für den Notfall verschrieben. Es ist aber sehr wichtig, darauf zu achten, dass nicht bei jedem ängstlichen Unbehagen gleich eine Pille »eingeworfen« wird, denn so kommt es zu einer Abhängigkeit, und das Übel wird nicht an der Wurzel gepackt.

Manche Betroffene merken also, dass die Mobilisierung der eigenen Ressourcen weder in der »Selbstbehandlung« noch durch die Selbsthilfegruppe ausreichend gelungen ist, wenn die Defekte aus der Vergangenheit sich als zu schwer oder zu hartnäckig herausgestellt haben. In diesen Fällen ist es offenbar nötig, sich um Krisenintervention und/oder um Traumatherapie zu bemühen. Wenn sich nämlich die posttraumatische Belastungsreaktion bereits »eingenistet« hat, kann meist nur ein professioneller Helfer (Psychologen und Psychotherapeuten, die Erfahrung im Umgang mit Krisen haben) eine Verbesserung bringen.

Sehen wir uns daher vorerst die »schweren Geschütze« und anschließend einige weitere psychotherapeutische Angebote bei Verlustangst an.

Zuallererst ist Hilfe bei der Bewältigung des aktuellen Schmerzes an der Tagesordnung. Dabei muss meistens erst die notwendige »Trauerarbeit« geleistet werden, um die Basis für eine neue Lebensplanung zu schaffen.

Krisenintervention hilft beim akuten Schmerz

Wir haben es vielfältig gesehen: Der unwiederbringliche Verlust eines Menschen ist eine überwältigende persönliche Katastrophe (und für jene mit Verlustangst besonders). *Dieses Trauma wird psychologisch durch zwei Faktoren definiert: einerseits durch die Machtlosigkeit gegenüber den unkontrollierbaren Ereignissen des Schicksals, andererseits durch die Zerstörung einer grundlegenden Erwartung.* So war doch der verlorene Mensch ein Teil des Lebens, der Fantasien über die Zukunft erweckte. Die Tatsache des Verlustes lässt die Betroffenen sich ohnmächtig fühlen. Es lässt ihren Glauben an die eigene Unverletzlichkeit und das Vertrauen in sich und die Umwelt ins Wanken kommen. Das heißt, dass neben der Verarbeitung des aktuellen Schmerzes die ganze Persönlichkeit in eine Identitätskrise geraten ist, die ebenfalls behandelt werden sollte. Man kann häufig erleben, dass die eigenen Selbstheilungskräfte und die gut gemeinten Ratschläge der Umwelt nicht ausreichen, um diese grundlegenden Erschütterungen zu beruhigen und zu einem neuen, schließlich doch positiven Weltbild zu kommen. Wenn dies nicht gelingt, drohen langfristige Symptome körperlicher und seelischer Art. Die Gesundheit kann überall dort angegriffen werden, wo jeder seine persönliche Schwachstelle hat. Die Seele reagiert manchmal mit Albträumen, allen Arten starker Gefühlsdurchbrüche wie Schuld, Trauer und Wut, aber auch mit Entfremdung, emotionaler Abstumpfung, weitreichenden Erinnerungslücken und etlichen, für die Umwelt unverständlichen Verschiebungen der Realitätssicht. Nicht selten kommt es zu Depression oder Miss-

Schnelle Hilfe in akuten Krisen

brauch von allen möglichen Substanzen, die den Druck vermindern (wie Alkohol, Drogen oder Medikamente).

Das Ziel der Krisenintervention ist die konkrete Unterstützung der Fähigkeiten des Betroffenen und auch seiner Umgebung zur Selbsthilfe. *Statt der Verleugnung der belastenden Realität ist es durch die Ermutigung des Therapeuten möglich, Gefühle wie Trauer, Schmerz oder Aggression zu zeigen.* Nach dieser Entlastung von emotionalem Druck sucht der professionelle Helfer gemeinsam mit den Klienten nach bereits versuchten Lösungsstrategien, nach der Bewältigung früherer Krisen. Dann führt er zur konstruktiven und individuellen Lösung in der gegenwärtigen Situation und zur Erlangung von Selbstständigkeit und kompetenter Handlungs- sowie Entscheidungsfähigkeit.

Die nun angewandte Strategie besteht meist aus fünf Punkten:

1. *Reden:* Der vorangegangene Schock erzeugt ein Chaos im Kopf, das nur durch Erzählen und Zuhören geordnet werden kann. Wenn das Unfassbare und der wortlose Schmerz in einen verbalen Ausdruck gebracht werden, ist schon sehr viel geschehen. Die Gefühle befinden sich dann bereits in einer Situation, wo sie fassbarer sind.
2. *Sich der Wirklichkeit stellen:* Es ist anfangs ganz normal, wenn sich die Seele durch Verdrängen oder Verleugnen schützen will. Je früher ein Betroffener sich aber mit der Wahrheit und Wirklichkeit auseinandersetzt, desto eher kann er die Geschehnisse verarbeiten.
3. *Gefühle ausdrücken:* Durch die Konfrontation brechen Gefühle natürlich stärker hervor. Trauern, weinen und dergleichen erleichtern aber die Bewältigung der Situation.
4. *Abschied nehmen:* Von Verstorbenen oder auf andere Art Verlorenen muss man ganz bewusst Abschied nehmen. Nur so kann der Mechanismus in Gang kommen, der wieder frei für den nächsten Lebensabschnitt macht.
5. *Neuanpassung:* Verschiedene Bewältigungsstrategien (»Coping«) versuchen die Neuanpassung an die derzeitigen Lebensumstände.

Traumatherapie versucht, die alte und die neue Wunde zu heilen

Wenn es aber auch darum geht, die alte Wunde zu heilen (und das wäre äußerst sinnvoll!), dann sollte sich eine länger dauernde Traumatherapie an die akute Krisenintervention anschließen. Sie geht auf die überwältigenden, traumatisierenden, früheren Erfahrungen ein und versucht durch ein allmähliches Bearbeiten neue Sinnstrukturen, vielleicht veränderte soziale Bezüge und ganz allgemein eine Orientierung im Leben aufzubauen. Umfassende Ansätze sind in der Traumatherapie unverzichtbar, weil häufig nicht nur eine Person, sondern das ganze soziale Umfeld mit betroffen ist. Im Allgemeinen stellen sich innerhalb der Therapie folgende Fragen:

Frühe Erfahrungen bearbeiten

- Welche alten, unverarbeiteten Traumen gibt es im Leben der Betroffenen?
- Ist es möglich, ein Verständnis der damaligen Situation herzustellen?
- Wie sicher ist die »Basis«, auf der sich Beziehung überhaupt aufbauen kann?
- Bricht diese Basis bei jeder kleinen Krise ein, das heißt: Werden Beziehungen sehr schnell infrage gestellt?
- Lässt sich die Verhärtung im alten Schmerz auflockern und wird somit ein »Nachreifen« ermöglicht?
- Kann man von den kindlichen Wunschen Abschied nehmen und einen Transfer auf erwachsene Wunscherfüllung in Gang bringen?
- Was sind die zentralen Sehnsüchte der Betroffenen, die sie auf alle Begleiter ihres Lebens übertragen?
- Ist ein Verständnis für die aktuelle Beziehung herstellbar, oder gibt es nur Schuldzuschreibungen?
- Können neue Erfahrungen gemacht werden? (Auch die konstante und einfühlsame Haltung des Psychotherapeuten kann als neues Muster dienen und andere, bessere Beziehungen möglich machen.)

- Können neue Beziehungen (auch außerhalb der Therapie) gestaltet und mit früheren Erfahrungen verglichen werden, um aus den Unterschieden zu lernen?

Vermutlich stellen sich noch einige andere Fragen, die aus der ganz individuellen Leidensgeschichte jedes Einzelnen stammen.

Verhaltenstherapie: Umlernen

Effektive Therapie gegen die Angst

Bei den eben genannten *konkreten Verhaltensänderungen ist die Verhaltenstherapie erste Wahl.* Sie hat sich mit ihren Umlernprogrammen in der Angsttherapie sehr bewährt.

An erster Stelle steht die (schon bekannte) systematische Desensibilisierung, diesmal aber unter der Anleitung und mit der Begleitung eines Psychotherapeuten. In der Regel wird eine wirkungsvolle Entspannungstechnik vermittelt (sehr gut geeignet ist dabei die Progressive Muskelentspannung nach Jacobson), um sich in Angst erzeugenden Situationen immer wieder Kraft aus der Entspannung zu holen. Dann wird die Angsthierarchie (wie weiter vorne beschrieben) gemeinsam erstellt, und es werden Übungen für zu Hause entworfen. Manche Therapeuten schließen sogar kleine Arbeitsverträge mit den Klienten ab, damit gesichert ist, dass die therapeutische Arbeit auch wirklich zwischen den Sitzungen weiter verfolgt und nicht beim kleinsten Hindernis unterbrochen wird. Die professionelle Begleitung ist dafür hilfreich, wenn es kleine Rückfälle gibt oder man kurzfristig eine Änderung vornehmen muss.

Zusätzlich bekam die Behandlung von Ängsten innerhalb der Verhaltenstherapie durch eine stärkere Berücksichtigung *kognitiver Konzepte* eine besondere »Geheimwaffe«.

Die kognitive Therapie ist also eine aktive, direktive, zeitlich begrenzte, strukturierte Methode, die zur Behandlung der Verlustangst sehr gut geeignet ist. Sie geht davon aus, dass das Verhalten eines Menschen von Einstellungen geleitet wird, die seinen Erfahrungen entspringen. Im Laufe seines Lebens entwickelt jeder Mensch Regeln oder Formeln, nach denen er die Welt interpretiert. Manche Grundannahmen (aus Kindheitserlebnissen oder von anderen Menschen übernommen) sind allerdings unangemessen, übertrieben, falsch und werden vor allem irrigerweise generalisiert (zum Beispiel: »Ich kann ohne dich nicht leben!« oder »Wenn du mich nicht liebst, bin ich wertlos!«).

Die kognitive Therapie greift hier aktiv ein. Durch *Überprüfung und Veränderung ihrer unhaltbaren Überzeugungen* lernen Betroffene selbstständig zu denken. Darüber hinaus müssen sie lernen, dass ihre Ängste (vor allem bei Stress) wiederkommen können. Doch dann haben sie in der Regel gelernt zu fragen: »Was war gerade los?« Die Erkenntnis in die Zusammenhänge verhindert meistens den Angstanfall, denn die emotional distanzierte Frage, wie man der Überforderung entkommen könnte, rettet vor dem Sog der Angst.

Das Therapieprogramm umfasst (unter anderem) eine diagnostische Phase, eine Vermittlung über die Bedingungen und die Entstehung von Verlustangst und einer imaginativen Auseinandersetzung mit verschiedenen befürchteten Katastrophen (»Was-wäre-wenn«-Vorstellungsübungen als bewusstes Zu-Ende-Denken von befürchteten Ereignissen). Die typischen Angst machenden Gedanken werden analysiert und anschließend alternative Ursachenzuschreibungen erarbeitet. Als Therapieziel gilt der bessere Umgang mit der Angst, sodass die belastenden Erwartungsängste geringer werden und die Betroffenen mit einem Restrisiko besser umgehen lernen.

Einige Anregungen daraus mögen als Anstoß zu ihrer Überlegung dienen:

- Wenn Sie Angst vor dem Ende Ihrer Partnerschaft haben, tun Sie etwas, um die Beziehung zu verbessern, oder stellen Sie sich einmal ganz konkret vor, wie es ohne den Partner einigermaßen erträglich weitergehen könnte.
- Wenn Sie aus Angst vor Liebesverlust Ihrem Partner oder einem Elternteil Ihre Gedanken und Empfindungen nicht mitteilen können, stellen Sie sich vor, Sie hätten dies doch getan, und lernen Sie, die Folgen gedanklich besser auszuhalten.

Zur Verhaltenstherapie gehört es auch, die Gefühle besser differenzieren zu lernen.

Mithilfe von »Ankern« in der Realität (durch Beobachten, was um einen herum tatsächlich vor sich geht) wird verhindert, in den inneren Horror der Angst erzeugenden Vorstellungsbilder hineinzukippen.

Wir wissen: Menschen mit Angststörungen können mit ihren Gefühlen schlecht umgehen.

Sie versuchen, die störenden Emotionen zu überspielen, sie zu ignorieren oder auch sie aufzubauschen. Menschen mit Verlustangst glauben manchmal, durch die Beschäftigung mit ihrer Angst eine Angstüberflutung zu provozieren, und bevorzugen daher Angstvermeidungsstrategien. Aber nur ein besseres Wahrnehmen und Annehmen der zugrunde liegenden Gefühle kann neben der Änderung des Denkens (also den kognitiven Strategien) zu dauerhaften Verhaltensänderungen bei Verlustangstpatienten führen.

Das Akzeptieren von Angst- und Hilflosigkeitsgefühlen bewirkt bereits eine Veränderung. Nehmen Sie Ihre Angst an, und sie wird sich wandeln.

Menschen mit Angststörungen bezeichnen fälschlich übermäßig viele Gefühlszustände mit dem Begriff »Angst«. Achten Sie darauf, ob statt oder neben einem Angstgefühl in Ihnen zum Beispiel auch folgende Gefühlszustände auftreten: Hilflosigkeit, Schwäche, Lustlosigkeit, Hoffnungslosigkeit, Traurigkeit, Sinnlosigkeitsgefühle, Bedürfnis zu weinen, Enttäuschung, Wut, Ärger, Unruhe, Abneigung, Ekel, Einsamkeit, Verlassenheitsgefühl, Sehnsucht nach Geborgenheit, Wunsch nach Gehaltenwerden.

Wenn Sie Angst haben, ist dies ein ganz normales Gefühl. Aber Sie sollten sich fragen:

Was genau gibt mir den Eindruck, dass es sich dabei um etwas Abnormales handelt?

Aus welchen früheren Lebenserfahrungen kenne ich derartige Bewertungen?

Warum will ich immer stark sein?

Es ist ein Zeichen von Stärke, seine Schwächen zulassen und zeigen zu können!

(Das bessere Wahrnehmen und Ausdrücken der Gefühle wird übrigens durch regelmäßige Tagebuch-Aufzeichnungen wesentlich erleichtert.)

Visualisieren:
Die Katathym-Imaginative Psychotherapie

Auch tiefenpsychologisch orientierte Therapiemethoden wissen mittlerweile: Der abstrakte Wille und Vorsatz allein ist für eine Verhaltensänderung eingefahrener Reaktionsmuster zu wenig.

Mit inneren Bildern arbeiten

Angstpatienten können sich das, was sie fürchten, sehr bildhaft vorstellen, aber darüber, wie es nach der Angstreaktion gut weitergehen könnte, haben sie zu wenig Vorstellung. Sie grübeln, sorgen sich um die Zukunft, malen sich schreckliche Bilder aus und brechen irgendwann ihre Fantasien ab, weil sie in Angst geraten. Sie begehen den Fehler, nicht weiterzudenken und nach Bewältigungsstrategien zu suchen, sondern bleiben in der Hilflosigkeit und der Ohnmacht stecken.

Hier kann das tiefenpsychologisch orientierte Therapieverfahren, die Katathym-Imaginative Psychotherapie, wirkungsvoll eingreifen und begleiten. *Das Durchspielen verschiedener Bewältigungsstrategien ist eine besondere Hilfe.* Genau das, was man real nicht erleben möchte, muss man zuerst einmal in der Vorstellung (in einer Art »Tagtraum«) bewältigen lernen.

Was man sich nicht einmal vorstellen kann, kann man oft auch nur schwer tun. In diesem Sinn erleichtert jede anschauliche Vorstellung einer Bewältigungsmöglichkeit die tatsächliche Handlungsbereitschaft.

Die typischen Katastrophenvorstellungen von Angstpatienten sind negative Vorstellungsbilder, die durch positiv-kreatives Visualisieren ersetzt werden sollen.

Visualisieren bezeichnet ein Denken in inneren Bildern. Ein entspannter Zustand erleichtert die Entwicklung von inneren Bildern und Vorstellungen. Nun kann man entweder die belastende Situation wie ein Beobachter im Kino erleben. Die Beobachterposition ermöglicht eine Distanzierung und ist daher bei schweren Traumen leichter erträglich.

Eine andere Möglichkeit ist das Erlebnis als Handelnder, als ob das Ereignis gerade jetzt stattfinden würde. Da sich der/die PsychotherapeutIn in wohlwollender Nähe befindet, ist es oft möglich, sich weiter als sonst vorzuwagen. Die lebendige Vorstellung der Bewältigbarkeit einer schwierigen Situation stärkt den Glauben an sich und seine Fähigkeiten.

Wenn es zu einer emotionalen Verarbeitung derjenigen negativen Erlebnisse kommt, die gedanklich und emotional in einem umfassenden »Netzwerk« von Informationen gespeichert war und das Leben fatal beeinflusst hatte, löst sich »zwangsläufig« die Verlustangst auf. Emotionale Verarbeitung bedeutet, dass sich der Betroffene mit der Bedeutung seiner Ängste ganzheitlich auseinandersetzt.

6. Dem Leben eine neue Richtung geben

Verena Kast, Expertin für Verluste und Trauerarbeit, prägte den Begriff »abschiedlich leben«. Sie meint: »Genieße das, was du heute hast, morgen ist es vielleicht vorbei. Dann kommt aber etwas Neues. Denn erst, wenn man die Hände wieder leer hat, kann man auch wieder etwas nehmen.«

Trennung – Trauer – Neubeginn: Das ist der Stoff, aus dem Reifungsschritte gemacht sind. Und genau diese Reifungsschritte konnten die Verlustängstlichen in der Vergangenheit nicht machen. Nun mussten oder müssen sie lernen, mit Trennungen umzugehen, um den Anforderungen des Lebens leichter gerecht werden zu können. Die wichtigste Bedingung dabei ist *Flexibilität.* Sie hilft auch beim Berufswechsel, bei der Ausbildung, beim Beginn und Abschluss einer Aufgabe oder eines Projektes. Sie hilft bei der Loslösung von seiner Herkunftsfamilie und bei der Gründung eines eigenen neuen Bezugsrahmens. *In allen neuen Lebensphasen gilt es Abschied von manchem zu* nehmen, das nicht mehr passt, aber die guten Erfahrungen in das Neue zu integrieren und lebendig zu erhalten. Sosehr sich auch viele nach Beständigkeit sehnen, ist es eine Tatsache, dass nichts auf der Welt dauerhaft ist. Wer die Veränderung fürchtet, erschafft genau jene Lebenshaltung, die festhalten lässt und dadurch neues Leiden schafft. Es ist daher notwendig, mit der Vergänglichkeit umgehen zu lernen – mit Mut, Geduld und Großzügigkeit. Wenn wir die eigene tägliche Veränderung annehmen können, die alten Denkmuster und Vorurteile loslassen vermögen, entfaltet sich ein neues Lebensgefühl.

Ändern Sie Ihr Lebensmotto!

Übung

Werden Sie sich klar:

- Welches Motto habe ich?
- Für mich allein?
- Und in der Gesellschaft oder Gemeinschaft?
- Ist eines meiner Mottos vielleicht das Gegenteil von dem, was die Eltern wollten – also ein »Trotzmotto« (wie zum Beispiel »nie wieder ...«)?
- Ist es der Versuch, eine Wunde zu heilen?
- Oder ist mein Motto der Versuch, ein Manko, eine Lücke zu füllen? Beginnt es mit »Ich möchte endlich ...«, »Ich möchte einmal im Leben ...«?
- Gibt es überhaupt ein Motto, das meinen wirklichen Fähigkeiten entspricht, oder orientiere ich mich an irgendwelchen Vorbildern (wie Sportlern, Sängern, Filmschauspielern ...)?
- Und vor allem: Gibt es Leitsätze, Mottos von mir, die sich bei näherer Betrachtung widersprechen und mich daher unweigerlich in Konflikt bringen müssen?

Schreiben Sie alles in ein Büchlein, damit Sie auch zu einem späteren Zeitpunkt wieder darüber nachdenken können.

Dann visualisieren Sie:

Stellen Sie sich vor, dass Sie ein altes, von Ihnen nicht mehr gebrauchtes Motto auf ein Zettelchen schreiben. Dann stellen Sie sich eine Zaubermaschine vor, die in der Lage ist, ein Motto umzutauschen. Sie stecken in den dafür vorgesehenen Schlitz Ihr zusammengefaltetes Zettelchen hinein. Die Maschine knackt und rattert. Dann kommt aus einem anderen Schlitz ein neuer Zettel heraus. Sie falten ihn auf und lesen Ihr neues Lebensmotto: ...

Dehnen und strecken Sie sich, öffnen Sie die Augen und schreiben Sie in Ihr Büchlein, sobald Sie können, Ihr neues Motto! Wenn Sie noch etwas Zusätzliches machen wollen, dann schreiben Sie Ihr Motto ganz groß auf ein Blatt Papier oder ein Stück Karton und deponieren Sie das Plakat an einer Stelle, wo Sie es immer wieder ansehen müssen. Neue Leitsätze brauchen Unterstützung, bis sie in allen Gehirnwindungen gelandet sind.

Eine neue Identität

Für jeden, der das »Trauma der gerissenen Nabelschnur« in sich trägt, also unter Verlustangst leidet, gibt es nun ein großes Thema: *sich unabhängiger machen*. Dieses Ziel wird sicher das Hauptmotto einiger Jahre sein, manche werden sich auch lebenslang damit befassen. Wenn man an Verlusten nicht mehr so leiden will wie bisher, muss man Vorsorge treffen,

- um auf *festen eigenen Beinen* stehen zu können, also Unabhängigkeit zu entwickeln,
- Selbstwert aufzubauen und
- sich vielfältiger zu *vernetzen* (darüber später mehr).

Das eigene Selbst entfalten Wenn die Krisenintervention und die Traumatherapie ihre Hauptarbeit getan haben, wäre daher ein weiterer therapeutischer Schritt überaus ratsam: die Annäherung an eine neue Identität.

Sie ist der letzte therapeutische Schritt, der weiter oben mit dem Titel »konkrete Verhaltensänderung« versehen wurde.

Jeder Prozess, der machtvoll im Leben eingreift – wie Trennung und Trauer –, zwingt die Betroffenen, sich einer neuen Lebenssituation anzupassen. *Sie sind also auf sich geworfen und müssen in sich hineinhorchen, um die Frage zu ergründen, wie sie sich mittlerweile verändert haben.* Die innere Bilanz ist gerade für manche Frauen bestürzend, weil sie erkennen, dass sie über den Familienpflichten »vergessen« haben, zu einer eigenständigen Person zu werden. Sie haben (aufgrund ihrer Erziehung) die Wünsche ihrer Partner, Kinder, Familien, Chefs an die erste Stelle gesetzt und ihre eigenen erst hintangereiht. Während Männer mittlerweile häufig die Entwicklung ihrer Gefühlswelt vernachlässigt haben und ihnen das nun bewusst geworden ist, spüren die betroffenen Frauen oft, dass sie in einer aus den Wünschen der anderen abgeleiteten Identität gelebt haben. Nun, wo es anders als vorher ist, wäre es eine gute Gelegenheit herauszufinden, wer man eigentlich ist: welche Meinungen, Wünsche, Ziele es gibt, die nur aus dem eigenen Innenleben entstehen und nicht von außen manipuliert wurden. Man muss also endlich *zu einer autonomen Identität finden.* Viele spüren jetzt auch wieder neue Energie in sich. Wer die Krisen hinter sich gelassen hat, empfindet oft eine große Lust, dem eigenen Leben eine neue Richtung zu geben. *»Man muss manchem Alten untreu werden, um sich selbst treu zu sein!«* ist eine Erfahrung aus bitteren Erlebnissen. Nun ist das aber erwiesenermaßen ziemlich schwer, und viele zögern, alten Ballast loszuwerden. Bevor Sie aber mutlos werden – machen Sie wenigstens einen kleinen Schritt. Es ist nicht wichtig, jetzt gleich den ganzen weiteren Weg innerlich zu entwerfen, denn oft entrollt er sich erst vor den Füßen. Ein kleiner erster Schritt – die erste Blockade fällt und nimmt oft wie fallende Dominosteine die anderen mit.

Molière sagte einmal: »Wir sind nicht nur verantwortlich für das, was wir tun, sondern auch für das, was wir nicht tun.«

Der erste kleine Schritt zu sich selbst, also »Selbsterfahrung«, kann in vielfältigsten Therapie- und Gruppenangeboten passieren, man kann aber durchaus auch allein eine Menge über sich erfahren. Eine Möglichkeit bietet die folgende kleine innere Reise:

Übung ### Ein Schritt

Setzen Sie sich bequem hin, »erden« Sie sich gut mit den Füßen und kommen Sie über den Rhythmus von zehn bewussten Atemzügen zur Ruhe und zu sich. Und dann fragen Sie sich: »*Wenn ich nicht dieses Leben führen würde – welches andere Leben möchte ich dann leben?*«

Lassen Sie sich Zeit. Vielleicht taucht ein alter Wunsch aus Ihrer Kinderzeit auf, vielleicht etwas sehr Aktuelles. Möglicherweise ist dieses Alternativleben völlig anders und exotisch, vielleicht unterscheidet es sich aber nur durch ein paar geringfügige Details vom momentanen Alltag.

Und dann greifen Sie sich eine (und nur eine) Veränderung heraus – die wird Sie in den nächsten Wochen und Monaten beschäftigen.

Jetzt gähnen Sie, strecken Sie sich und öffnen die Augen. Bevor Sie noch genauer über Ihre Vision nachdenken oder zu irgendwelchen Beschäftigungen übergehen können, nehmen Sie sich sofort Papier und Schreibgerät und notieren Sie diese eine erwünschte Veränderung. So haben Sie sie verankert. Danach oder auch später überlegen Sie den ersten Minischritt in die richtige Richtung und gehen ihn (noch bevor der Alltag wieder zuschlägt). Alles Weitere wird Ihnen beizeiten einfallen, und Sie werden langsam aber konsequent auf Ihrem Weg weitergehen. Manchmal wird es auch kleine »Abrutscher« geben. Ruhepausen und Umwege gehören zu jeder Wanderung, also auch zu dieser. Ganz gleichgültig, ob Sie eine neue Fremdsprache lernen wollen, mit dem Rauchen aufhören, zu joggen beginnen, ein Musikinstrument spielen oder sich vom Partner unabhängiger machen wollen – alle diese und noch viele andere Ziele sind es wert, ernst genommen zu werden.

Gut zu sich selbst sein

Es ist ein Millionenschicksal, und trotzdem glaubt jeder, dass es nur ihn betrifft: die Einsamkeit. Menschen, die sich einsam fühlen, denken häufig: »Es kann nur an mir liegen!«, »Wenn ich anders wäre, dann wäre ich nicht einsam!« Tatsächlich bedeutet aber Einsamkeit nicht nur keinen echten, erfüllenden Kontakt zu anderen Menschen zu haben, sondern auch ohne Kontakt zu sich selbst zu sein.

Der Weg aus der Einsamkeit beginnt daher mit dem langsamen und liebevollen Aufbau einer Beziehung zu sich selbst. Diesen freundschaftlichen Umgang mit sich müssen Betroffene aber erst lernen, denn in der Vergangenheit wurde ihnen beigebracht, dass sie und ihre Gefühle es nicht wert sind, ernst genommen zu werden.

Kontakt zu anderen fängt mit guten Kontakten zu sich selbst an

Es ist ein altes »Hausrezept«: *Wenn man anfängt, sich »arm« zu fühlen, muss man selbst etwas für sich tun!* Ein neuer Pullover, eine andere Frisur, eine selbst gekaufte Blume auf dem Wohnzimmertisch vollbringen manchmal bereits wahre Wunder. Das Wichtigste dabei ist: Sie müssen es sich selbst wert sein, etwas Angenehmes zu erleben! Ein Bad im warmen Sprudelbecken oder eine fachkundige Massage sind nicht nur gut gegen die körperlichen Verspannungen, sondern sind auch Balsam auf die wunde Seele. Und wer kein Geld für das strapazierte Ego ausgeben will, kann trotzdem seine fünf Sinne (schauen, hören, riechen, schmecken, tasten) »füttern«. Die Sinne sind das beste Mittel, um von inneren Grübeleien und Ängsten abzulenken und sich der Außenwelt zuzuwenden. Das Angebot beginnt bereits vor der Haustür: Die Natur bietet Bäume und Blumen, Steine und Wasser, Wolken und Wind, Geräusche und Düfte.

Aber auch in den vier Wänden gibt es vieles, das der Seele guttut. Es ist gleichgültig, ob man sich eine Kerze anzündet, einen schönen Bildband betrachtet, sich etwas Kuscheliges anzieht oder eine Duftlampe anzündet – es geht um *die Achtsamkeit, mit der man den sinnlichen Genuss registriert*, auf sich einwirken lässt.

Warum ist das so wichtig?

Nun – wer tatsächlich erfährt, wie man sich selbst lieben und sich Gutes tun kann, ist nicht mehr auf die anderen angewiesen. Man muss nicht mehr dauernd Bestätigung und Fürsorge von außen einfordern. Schließlich ist man kein kleines Kind mehr, das dem »Goodwill« der Bezugspersonen ausgeliefert ist.

Sie sind ein erwachsener Mensch, der seine Bedürfnisse sowohl selbst erkennen als auch selbst befriedigen kann. Auch wenn es schön ist, Gefährten auf seinem Lebensweg zu haben – Sie brauchen sie nicht mehr unbedingt und unter allen Umständen.

Sie haben auch selbst Kraft. Sie können sich selbst an der Hand nehmen, die eigenen Fähigkeiten wahrnehmen, die Gefühle und Bedürfnisse spüren und zulassen.

Die Selbstannahme und die Selbstunterstützung zeigen den Weg aus dem Labyrinth.

Die Macht der Gedanken

Die eigenen Gedanken haben ein gewaltiges Potenzial in sich. Wenn man an sie glaubt, können sie früher oder später Wirklichkeit werden: sowohl die negativen als auch die positiven! Daher ist es wichtig, die Gedanken auf etwas zu lenken, das man an sich selbst mag und schätzt, um sein eigenes Selbstwertgefühl zu stützen. Diese Übung erfordert nur ein paar Minuten Zeit und wird Ihre innere Befindlichkeit wesentlich verbessern:

Übung   **Stärkung des Selbstwertgefühls**

Setzen Sie sich bequem hin und schließen Sie die Augen.

Dann erzählen Sie sich selbst eine Minute lang, was Sie an sich mögen, was Ihnen wirklich gefällt. Das können Eigenschaften, Fertigkeiten, Begabungen, aber auch ganz kleine Dinge wie die Form Ihrer Ohren sein.

Es geht nicht um den objektiven Wert dessen, was Sie auf Ihre persönliche Liste setzen, sondern um das Erstellen einer bestimmten Energieform: um positive Gedanken!

Wichtig ist, dass Sie ehrlich von dem überzeugt sind, was Sie anführen – ohne Einschränkung!

Ob jemand anderer Ihre Meinung teilen würde, steht nicht zur Debatte!

Ich bin ich

Wie oft glauben Erwachsene, dass sie die emotionale Wunde einer Trennung nur schmerzfrei bekommen, indem sie möglichst schnell wieder eine neue Beziehung aufbauen (manchmal auch unter beträchtlichen Einbußen und Zugeständnissen). Sie sind so sehr daran gewöhnt, ihre Identität von anderen »zugewiesen« zu bekommen (also eine »abgeleitete Identität« zu haben), dass sie sich die Chance nehmen draufzukommen, dass sie eigentlich erstaunliche Kräfte und Talente haben. Nun ist es aber wesentlich, *die eigenen Fähigkeiten, auf die man in allen Lebenslagen verlässlich zurückgreifen kann, endlich zu entdecken*. Nur so kann man die persönliche, unverwechselbare Identität und ein stabiles Selbstwertgefühl aufbauen.

Auf dem Weg der Selbsterfahrung ist manchen vielleicht klar geworden, dass sie eine ganze Reihe von Rollen einnehmen. Manche zwingt ihnen das Leben in ihrem Beruf und in ihrer sozialen Stellung auf, manche Rollen spielen sie anderen zuliebe oder auch, um Konflikte zu vermeiden, und letztlich gibt es auch einige (vielleicht wenige) aus freien Stücken. Jetzt ist der Zeitpunkt gekommen, um endlich »echt« zu werden. Es ist oft schwer, die lieb gewordenen »Verkleidungen« abzulegen und stückweise immer mehr sein wahres Ich zu zeigen. Aber welche Erleichterung, wenn man erfährt, dass man auch akzeptiert wird, wenn man einfach so ist, wie man ist! Und plötzlich merkt man, dass man in einer ganz neuen und viel besseren Qualität wahr- und ernst genommen wird!

Fähigkeiten bei sich entdecken

Aktivitäten heilen

Niemand kann sich ewig in seinem Zimmer verkriechen. Der »Winterschlaf der Seele« ist vorüber. Irgendetwas muss getan werden, damit die eigenen Energiespeicher mit positiven Erlebnissen aufgefüllt werden. *Um unabhängiger zu sein, ist es nötig, sich einige sinnvolle und befriedigende Freizeitbeschäftigungen zu überlegen, die auch allein Freude machen.* Dabei sollte es eine größere Vielfalt geben, um für alle Lebenslagen gerüstet zu sein. Besonders günstig ist es hinauszugehen: in die frische Luft oder einfach unter andere Menschen. Sportliche Betätigungen wie Rad fahren, joggen, schwimmen sind hervorragend geeignet, um *Spannungen loszuwerden* und sich wieder in der Natur zu »erden« (ganz abgesehen von den gesundheitlichen Vorteilen). Bewegung ist von alters her ein ideales Mittel gegen Depressionen. Auch wenn man sich dazu zwingen muss – nachdem man zumindest den Häuserblock umrundet hat, fühlt man sich sicher besser. Der Grund dafür ist der Abbau der inneren Chemie, die als Reaktion auf den psychischen Stress entstanden ist. Gartenarbeiten oder Spazierengehen lassen ebenso wunderbar auf andere Gedanken kommen. Besonders vorteilhaft ist es, wenn man dabei versucht, darauf zu achten, was die Natur an

Farben, Formen, Gerüchen und Geräuschen alles zu bieten hat. Wir haben ja die perfekte Ausrüstung, um über die Sinneskanäle intensive und lustvolle Wahrnehmungen in uns aufzusaugen und uns damit seelisch zu »ernähren«.

Aber da wir, wie schon gesagt, für alle Lebenslagen ein paar spannende Beschäftigungen ausdenken wollen, sind natürlich auch Ideen für zu Hause gefragt. Grundvoraussetzung ist es, dass man sie vor allem allein machen kann, um unabhängig zu sein. Kuchenbacken, Aquarelle malen, basteln, Sammlungen anlegen, singen und vieles andere mehr bereichern Ihre Freizeit. Wer nach einem ausgleichenden Hobby sucht, muss vielleicht nur ein bisschen in die Vergangenheit gehen: Sicher gibt es alte Wünsche, die man schon lange realisieren möchte.

Ilse zum Beispiel entschied, dass es endlich an der Zeit sei, ihre musikalischen Wünsche nicht mehr zurückzustecken. Sie engagierte sich einen Cellolehrer, nahm Unterricht und konnte in den Stunden, in denen sie sich ganz dem Musizieren hingab, richtig glücklich sein.

Beispiele

Sigrid begann zu malen. Neuerdings kann sie alles rund um sich dabei vergessen und ist sehr froh darüber.

Manuela hat ihren Körper neu entdeckt. Zweimal in der Woche geht sie morgens joggen und fühlt sich nachher wie neu geboren. Sie spürt, wie sich die trüben Gedanken einfach langsam in »Luft auflösen«.

Selbstkritik – ja, Selbstvorwürfe – nein!

Wenn es schließlich (als letzten Punkt, den Sie um Ihrer selbst willen nicht vergessen sollten) um den Aufbau eines gesunden *Selbstwertes* geht, sollten Sie Ihre selbstschädigenden Mechanismen überprüfen.

Furchtbar viele negative innere Sätze haben sich bei vielen

Menschen (und bei den Betroffenen von Verlustangst besonders) festgesetzt. Sie bevölkern das Gehirn und blockieren die Lebensfreude. Es wäre an der Zeit, den Gedankenmüll zu entsorgen, Stück für Stück.

Wer kennt ihn nicht (zumindest hin und wieder): diesen Lebens-Katzenjammer, der in Sätzen wie »Ich habe alles falsch gemacht!« oder »Was habe ich für ein Leben gehabt!« gipfelt! Das ist reines Gift für das Selbstwertgefühl, das bei Menschen mit Verlustangst ohnedies auf schwachen Beinen steht.

Daher: keine qualvollen Selbstvorwürfe! Natürlich hat jeder einiges falsch gemacht. Sören Kierkegaard schrieb einmal: *Verstehen kann man das Leben nur rückwärts, leben aber muss man es vorwärts!* Es ist also sinnvoll, über die Vergangenheit nachzudenken, aus ihr zu lernen, sie als einen wichtigen Teil zu den anderen, übrigen Erfahrungen zu ordnen und sie zu verstehen. Dann aber geht das Leben weiter und braucht die ganze Kraft und die neuen Einsichten. Das An-sich-Herumnörgeln hat ein Ende! Was die Zukunft mit Sicherheit nicht braucht, ist ein von Selbstvorwürfen zerfressener und geschwächter Selbstwert!

Die Beziehungs-Inventur

Nehmen wir nun an, dass die größten Wunden der Vergangenheit langsam wieder zugeheilt sind. Sie wurden vielleicht mit psychotherapeutischem »Seelenbalsam« bestrichen, der auch die alten Narben langsam zum Verschwinden gebracht hat. Nun können Sie darangehen, auch Ihre *Umgebung näher unter die Lupe* zu nehmen. Zum neuen Leben gehört auch dazu, die Freunde, Verwandten, vielleicht sogar die Partnerschaft einer kritischen Prüfung zu unterziehen. So könnten Sie sich fragen: Hat sich da nicht im Laufe der Jahre manches angesammelt, was es eigentlich nicht wert ist, ihm die Treue zu halten? Sind nicht auch wahre »Energieräuber« darunter, die nur dann anrufen, wenn sie etwas brauchen? Haben sich nicht einige einfach daran gewöhnt, mich schamlos auszunützen? Vielleicht unter dem Einsatz der Mitleidsfalle? Gibt es da auch manche, die fast aus-

Beziehungen überprüfen

schließlich über andere schimpfen und so die Atmosphäre mit ihren negativen Gedanken vergiften? Sind Menschen in meinem Umfeld, in deren Gesellschaft ich mich auffallend unsicher, verkrampft und schlecht fühle? Und wo ich mich nachher als ausgelaugt und gereizt erlebe?

Es ist Zeit, diese Beziehungen gezielt »einschlafen« zu lassen oder einen entschiedenen Schnitt zu machen. Jetzt ist *endlich die Gelegenheit da, manche Beziehungen loszuwerden*, der man keine einzige Träne nachweinen sollte. Sie sind es sich schuldig, sorgsam mit Ihren Kräften umzugehen, und dazu gehört es auch, Ihre Energie nicht aussaugen zu lassen. Es gibt so viele Menschen, die etwas zu sagen und zu geben haben. Vielleicht sind sie sogar unbemerkt ganz in Ihrer Nähe, aber waren bisher nicht attraktiv genug, um von Ihnen bemerkt zu werden. Ihre neue Aufmerksamkeit und Umsichtigkeit mit sich selbst beschenkt Sie garantiert mit bereichernden Begegnungen.

Neu entdeckte oder neue Paarbeziehungen

Die Paarbeziehung (sofern eine vorhanden ist) muss sicherlich nach allen überstandenen Schwierigkeiten einer Erneuerung unterzogen werden. Manches hat sich zwar von selbst verändert, aber ist es ganz nach Ihrem Wunsch verlaufen? Die Paar-Renovierung ist eine Aufgabe, die beide Partner gleichermaßen angeht und fordert. Nun müssen sie sich wieder neu aufeinander besinnen, sich neu entdecken und wieder anders aneinander anpassen. Es ist notwendig, alle Lebensbereiche anzuschauen und zu überprüfen, was noch passt und was allenfalls zu entrümpeln ist. Nur so ist es möglich, sich von manchem Unerfreulichen zu trennen und neue Impulse zu setzen.

Konkreter Tipp

Wenn etwas funktioniert – mache mehr desselben.
Wenn etwas nicht funktioniert – mache etwas anderes!

Vielleicht ist durch die positive Bearbeitung der Trauer auch klar geworden, dass Einlassen und Loslassen zu jeder lebendigen Partnerschaft dazugehören. Es wäre sehr bedauerlich, wenn jemand, der loslassen musste, sich nun nicht mehr traut, sich auf Beziehungen (welcher Art auch immer) einzulassen, um kein weiteres Mal loslassen zu müssen. Wer es aber als Tatsache akzeptiert, dass auch jedes Paar wellenförmig einander loslassen muss, um sich dann wieder zu finden, wird sehr viel Freude in der Dynamik miteinander haben.

Der berühmte Verhaltensforscher Konrad Lorenz räsonierte über Freud und Leid einer Beziehung.

Lorenz schreibt, dass er es empfindsamen Menschen nicht ganz verübeln kann, wenn sie sich keinen Hund anschaffen, um bei dessen Tod nicht den Schmerz des Abschiedes erleben zu müssen. Dann aber revidiert er sein Verständnis: »Eigentlich verüble ich es ihnen doch. Denn es ist im menschlichen Leben einfach unabänderlich, dass alle Freude mit Leid bezahlt werden muss, und im Grunde betrachte ich jeden als einen erbärmlichen Knicker, der sich die wenigen erlaubten und ethisch einwandfreien Freuden des Menschenlebens verkneift, aus Angst, die Rechnung bezahlen zu müssen, die ihm das Schicksal früher oder später präsentiert. Wer mit der Münze des Leidens geizen will, der ziehe sich in eine altjüngferliche Dachkammer zurück und vertrockne dort allmählich als ein unfruchtbares Knollengewächs, das keine Blüten treibt.«

Man wusste in allen Kulturen, dass es ein Risiko ist zu lieben. Neben den möglichen Enttäuschungen, nicht gleichermaßen geliebt oder verlassen zu werden, kennt jeder unzählige Beispiele für die Vergänglichkeit der Welt, das Schicksal, das einem den geliebten Menschen unwiederbringlich entziehen kann. Es bleibt einem also nur die Bewusstmachung, dass *Veränderlichkeit ein* Wesensmerkmal der *lebendigen Existenz* ist und daher ein natürlicher Prozess, den wir einfach zu akzeptieren haben. Wenn man sich vor dem Schmerz des Verlustes schützt, indem man keine liebende Beziehung eingeht, lebt man am Leben vorbei. Wir haben also keine Wahl.

Sich bewusst vernetzen

Aber auch wenn es keine längerfristigen Partner gibt, lebt man nicht allein auf der Welt. Nun kann man endlich *Bezugsrahmen suchen und finden,* wo man sich nicht gleich aus innerem Zwang heraus binden muss, sondern die Dosis des Kontaktes frei wählen kann. Ehemalige Schulkollegen, alte Freunde und Verwandte lassen sich wieder »ausgraben«, und zumeist gibt es auch einige Vereine und Hobbygruppen vor Ort. Es gehört zum Menschsein dazu, sich als ein Teil eines Gefüges zu erleben. Wer keinen familiären Rückhalt hat, ist daher gut beraten, wenn er sich Gruppen, Vereinen, Kirchen etc. anschließt.

Manche gehen nur deswegen in Lokale oder auf belebte Einkaufsstraßen, um sich unter Menschen zu fühlen, auch wenn keine Kommunikation stattfindet. Das hilft zwar zwischendurch, wenn man das Gefühl hat, dass einem die »Decke auf den Kopf« fällt, aber auf Dauer ist es sicher zu wenig.

Beispiele

Margot erinnerte sich an ihre alte Schulfreundin, die doch damals (ebenso wie sie selbst) so viel Freude an Literatur hatte. Zwischenzeitlich hatten sich die beiden aus den Augen verloren, doch nun formieren sie eine neue Interessensgemeinschaft, gehen zu Dichterlesungen und ins Theater.

Die geschiedene Inge tat sich mit zwei Nachbarinnen zusammen. In der abendlichen Dämmerung treffen sie sich nun zweimal pro Woche zum Joggen.

Christoph, ein ehemaliger Alleinerziehender, schloss sich einer Billardrunde an.

Elke und Hans, deren Kind starb, fanden Trost und Freunde bei einer Diskussionsrunde im Rahmen einer religiösen Gemeinschaft.

Und Sybille schloss sich einem esoterischen Zirkel an. Es tut ihr dabei besonders gut, dass sie und ihre neuen Freunde davon überzeugt sind, dass ihre Tochter, die bei ihrem Vater in einem anderen Kontinent lebt und nichts von sich hören lässt, trotzdem energetisch mit ihr verbunden ist.

Sich selbst freigeben

Wer nun sorgsam auf dem bisher skizzierten Weg gegangen ist, hat sich mit den vier wesentlichen Schritten befasst:

- *Abschied:* Um nicht ständig eine alte Last mit sich herumzuschleppen, muss man Abschied von den alten Vorstellungen über die Beziehungen, von den überlebten Wünschen, von den früheren Fantasien, aber auch den Frustrationen nehmen.
- *Aufbruch:* Der Weg zum Zukünftigen macht es notwendig, die alten (eigenen) Ketten aufzubrechen und die Energie für den ersten Schritt zu sammeln.
- *Auf zum neuen Horizont:* Dieser Blick in eine *neue, persönliche Richtung* muss genau Ihnen und Ihren Visionen entsprechen. Keine Erwartung der Gesellschaft oder von speziellen Menschen kann mehr richtungsweisend sein, wenn es um die Umsetzung Ihrer persönlichen Fähigkeiten geht.
- *Sofortige Ergebnisse achtsam wahrnehmen:* Sie werden merken, dass ein neuer Stil, Weg, eine neue Blickrichtung binnen kurzer Zeit eine Veränderung bewirkt, und zwar sowohl in den anderen als auch in sich selbst. Achten Sie auch auf die kleinsten Neuerungen Ihres Lebens. Das macht die ganze Unternehmung lebendig und spannend.

Die Augenblicke, die man mit einem verlorenen Menschen gemeinsam erlebt hat, waren kostbar. Jeder Einzelne war ein Geschenk, aber niemand hat ein Recht auf Fortbestand einer Beziehung. Das Schicksal hat offenbar einen anderen Plan, und den müssen wir akzeptieren.

Und Menschen, die einen Abschied verarbeitet und verkraftet haben, berichten, dass ihr Leben bereichert wurde. Sie leben *bewusster, reifer, tiefer und auch freudiger ...*

Sie haben vor allem (meist mit Hilfe) gelernt, dass man mit Schicksalsschlägen anders verfahren kann, als sie es als Kind erlebt haben, erlcbcn mussten. Statt dumpfer, sprachloser Hilflosigkeit kann *Kompetenz im Umgang mit Krisen* treten.

Wenn Betroffene schließlich spüren, dass sie sich selbst freigeben können, sind sie auch geheilt. Sie können wieder aus der alten Verzweiflung des »allein gelassenen Kleinkindes« aussteigen.

Irgendwann drehen sich die Gefühle um, und aus dem Leid wird ein Gefühl der Befreiung.

Und eines wurde für alle Zeiten klar: Das Einzige, auf das sich jeder wirklich verlassen kann, sind die eigenen Erfahrungen, die gewachsene Kraft und die Tatsache, dass alles vergänglich ist!

Jedem Anfang wohnt ein Zauber inne ...

Zum Abschluss und auf den »Weg« möge Sie das Gedicht »Stufen« von Hermann Hesse begleiten:

Wie jede Blüte welkt und jede Blume
Dem Alter weicht, blüht jede Lebensstufe,
Blüht jede Weisheit auch und jede Jugend
Zu ihrer Zeit und darf nicht ewig dauern.
Es muss das Herz bei jedem Lebensrufe
Bereit zum Abschied sein und Neubeginne
Um sich in Tapferkeit und ohne Trauern
In andere Bindungen zu geben
Und jedem Anfang wohnt ein Zauber inne
Der uns beschützt und der uns hilft zu leben.

Wir sollen heiter Raum um Raum durchschreiten
An keinem wie an einer Heimat hängen.
Der Weltgeist will nicht fesseln uns und engen
Er will uns Stuf' um Stufe geben Weite.
Kaum sind wir heimisch einem Lebenskreise
Und traulich eingewohnt, so droht Erschlaffen.
Nur wer bereit zu Aufbruch ist und Reise
Mag lähmender Gewöhnung sich entraffen.

Es wird vielleicht auch noch die Todesstunde
Uns neuen Räumen jung entgegen senden
Des Lebens Ruf an uns wird niemals enden.
Wohlan denn Herz, nimm Abschied und gesunde!

Literatur

Bassoff E.: Mutter und Sohn. Eine besondere Beziehung. Patmos, Düsseldorf 1997

Beck A. T.: Kognitive Therapie der Depression. U & S, München 1981

Brisch K. H.: Bindungsstörungen. Klett-Cotta, Stuttgart 1999

Bowlby J.: Bindung. Eine Analyse der Mutter-Kind-Beziehung. Kindler, München 1975

Bowlby J.: Verlust, Trauern und Depression. Kindler, München 1983

Bowlby J.: Elternbindung und Persönlichkeitsentwicklung. Dexter, Heidelberg 1995

Buchmann K. E.: Traumabewältigung durch Schreiben (und Reden). In: Entspannungsverfahren 18/2001

Erikson E. H.: Kindheit und Gesellschaft. Klett-Cotta, Stuttgart, 13. Aufl. 1999

Fellner U.: Die Zukunftsfrau. Orac-Verlag, Wien 1998

Gadner J.: Trauma und Desorganisation. In: Psychotherapie Forum 1999/7. Springer, Wien 1999

Herms-Bohnhoff E.: Hotel Mama. Kreuz Verlag, Stuttgart 1992

Hesse H.: Geheimnis der Seele. Herder 2002

Hill S.: Auf der Suche nach meinem Kind. Knaur TB-Verlag, 1990

Jaeggi E., Hollstein W.: Wenn Ehen älter werden. dtv, München 1994

Kaplan L. J.: Abschied von der Kindheit. Klett-Cotta, Stuttgart 1988

Kast V.: Trauern. Phasen und Chancen des psychischen Prozesses. Kreuz Verlag, Stuttgart 1982

Kast V.: Loslassen und sich selber finden. Herder, Freiburg 1991

Kessel M. (Hrsg.): Zwischen Abwasch und Verlangen. Beck, München 1995

Leiter K. E.: Ach wie gut, dass jemand weiß … Tyrolia, Wien 1996

Lazarus A., Lazarus C. N., Fay A.: Fallstricke des Lebens. Klett-Cotta, Stuttgart 1996

Lorenz K.: So kam der Mensch auf den Hund. dtv, München 1983

Mentzos St.: Neurotische Konfliktverarbeitung. Fischer, Frankfurt 1984

Mitterauer M., Sieder R.: Vom Patriarchat zur Partnerschaft. Beck, München 1977

Moeller M. L.: Sich selbst überleben. Kursbuch 70: 71–99. Rotbuch, Berlin 1982

Morschitzky H.: Angststörungen. Diagnostik, Therapie, Selbsthilfe. Springer, Wien 2002

Neumann E.: Der schöpferische Mensch. Fischer, Frankfurt/Main 1995

Novy K., Adam G.: Von Spielgefährten, Arbeitstieren, Sportlern und anderen Vätern. Bundessekr. d. Kath. J. Österreichs, Wien 1998

Olivier Ch.: Jokastes Kinder. dtv, München 1989

Olivier Ch.: F wie Frau. dtv, München 1995

Parfy E., Redtenbacher H. et al. (Hg.): Bindung und Interaktion. Facultas, Wien 2000

Pongratz L. J.: Hauptströmungen der Tiefenpsychologie. Kröner, Stuttgart 1983

Rattner J.: Psychologie und Pathologie des Liebeslebens. Fischer Tb, Frankfurt/Main 1981

Reich W.: Die sexuelle Revolution. Zur charakterlichen Selbststeuerung des Menschen. Fischer Tb, Frankfurt/Main 1971

Richter H.-E.: Umgang mit der Angst. Hoffmann und Campe, Hamburg 1992

Rehberger R.: Verlassenheitspanik und Trennungsangst. Klett-Cotta, Stuttgart 1999

Riemann F.: Grundformen der Angst. Ernst Reinhard, München 1990

Roussel D.: Der Wiener Aktionismus und die Österreicher. Ritter, Klagenfurt 1995

Sammer U.: Die Rollenkonflikte der Mütter. Dissertation, Wien 1981

Sammer U.: Wendezeit Wechseljahre. Walter, Solothurn, Düsseldorf 1995

Sammer U.: Halten und Loslassen. Walter, Solothurn, Düsseldorf 1997

Sammer U.: Liebeskummer. hpt & öbv, Wien 1999

Sammer U.: Liebesfallen. Rainbow, Aachen 2002

Sammer U.: Kinder werden flügge. Knaur, München 2004

Schmidbauer W.: Die hilflosen Helfer. Rowohlt, Reinbek bei Hamburg 1977

Schmidbauer W.: Die Angst vor Nähe. Rowohlt, Reinbek bei Hamburg 1985

Schneiderbauer E.: Die Krankheit zum Tode ist die Verzweiflung. In: Psychotherapie Forum 7/4/1999

Siems M.: Souling – Mehr Liebe und Lebendigkeit. rororo, Reinbek bei Hamburg 1997

Sonneck G. (Hrsg.): Krisenintervention und Suizidverhütung. Facultas, Wien 1997

Weinzierl E.: Emanzipation? J & V, Wien 1975

Willi J.: Die Zweierbeziehung. Rowohlt, Reinbek bei Hamburg 1990

Zulehner P. M. (Hrsg.): Müssen Männer Helden sein? Tyrolia, Innsbruck/Wien 1998